マンガ 考える力を鍛える 思考実験

監修 田代伶奈

ナツメ社

はじめに

「考えること」は、実はとても難しい作業です。たとえば、なんの手がかりもなしに「自分とはなにか？」と考え始めてみてください。急にそんなことを言われたら、どこから考えればいいのかわからず、出口のない迷路に放り込まれたような不安な気持ちになるでしょう。あまりにも漠然《ばくぜん》としていて、数分後には考えることをやめてしまうかもしれません。

思考が迷子にならないよう筋道を与えてくれるのが、この「思考実験」です。「思考実験」は、ある特定の条件の下で考えを深める、「思考」による「実験」のことです。タイムスリップをしたり、設定が非現実的だったりします。だから、考える意味のない「エセ問題」だと指摘する人もいます。

けれども、「思考実験」において大切なのは、あなた自身の考えの「理由」を探すことです。本書を読みながら「自分ならどう考えるだろう？」とその都度、立ち止まってみてください。さらに、「なぜそう考えたのか？」と自分に問いかけてみましょう。「考えること」とは、自分自身に問いを投げかけ、答えを出そうとするプロセスにほかなりません。

「考えること」は、実はとても面白いことなのです。思考はどこまでも自由です。想像力を膨らませ、思考の旅へ、さあ。

マンガ 考える力を鍛える思考実験

CONTENTS

第2章 同一性と本質……67

第5章 人工知能と近未来 …… 207

1章

正しさと公平

BEGINNING 1

フェアであることはどんなときでもよいこと？

▼自分の価値感や判断を疑う

「公平」はよいことで、「不公平」はよくない。おそらく、漫《まん》然《ぜん》とそう考えている人が多いでしょう。

だからこそ、自分が不当に扱われると、たいていの人は怒りや不満を感じ、「公平」であることを求めます。

しかし、ときに自分が不公平だと感じていることが、ほかの人にとっては公平に判断した結果であるということがあるかもしれません。それぞれの判断基準が違っているだけなのです。

そもそも、どうして公平である必要があるのでしょうか。

誰もが公平に扱われる世の中であったとしたら、今よりもすばらしい社会になるでしょうか。また、もし、誰かが不公平であったほうが、結果的によりよい社会になるとしたら、公平であることは常によいことなのでしょうか。考えるべきことは山積みです。

私たちは自分の中にある判断基準で考え、行動します。よいこと、悪いこと、なにが公平で、なにが不公平かという判断さえも、人によってまばらなのです。

この章の思考実験で、あなたの持つ価値観や倫理観を疑ってみてください。そして、いろいろな考え方を知ったうえで、もう一度、自分の考え方を見つめ直してはいかがでしょうか。

誰かと対話をすれば、ほかの人がなにを重視しているのか、どのような行動をとるべきと考えているかを知ることもできるでしょう。

そうして視野を広げることこそが、思考実験の意味であり「味」なのです。

01

EXPERIMENT

トロッコ問題

多くの人を助けるためには少人数を犠牲にしてよいか

って
ええ!!
もう片方の進路にも
マッチョが!
キャッ
キャッ
ふっ
ふっ
マッチョが
筋トレ
してる!
このまま
なにもしなければ
5人のマッチョが
轢かれ
進路を
切り替えれば
1人の
マッチョが
轢かれる
5マッスル
1マッスル
ふっ
ふっ
ぷる
ぷる
ぷる
どうすれば
いいんだ
俺は
どっちを
選ぶべきなんだ!?

あなたが救うのはどの命？

自分の考えを深めるための思考実験

突然、遭遇したショッキングなシーン。あなたにできることは「スイッチを切り替え、1人を犠牲にすることで5人の命を救う」のか、「なにもせずに5人を見殺しにする」のか、の二者択一です。

このような問いかけがなされると、「石を投げて危険を知らせる」「ダメもとで声を出し続ける」などの別解を求めたくもなりますが、思考実験では、限られた条件のなかで思考をめぐらすというのがルールとなっています。与えられた2つの選択肢からあなたの考えを絞ってみてください。

また、思考実験の場合は、明確な正解がないものも多く、この「トロッコ問題」はその典型といっていいでしょう。だからこそ、解説を読み進める前に、自分ならどうするのか、どうしてそう考えたのか、思考をまとめることをおすすめします。

そうすることで問いかけの意味を深く味わい、自分の心や考え方を客観的に知ることができるようになるのです。

さあ、あなたの考えはまとまりましたか？　1人を犠牲にして5人を救いますか？　それとも、このまま5人を見殺しにしますか？

どちらの判断にも疑問が残る

「トロッコ問題」は、イギリスの哲学者フィリッパ・フットが、1967年に提起した思考実験です。日本では、NHKのテレビ番組『ハーバード白熱教室』で取り上げられたことで、一躍有名になりました。

さまざまな人がこの思考実験を考察し、どちらを選ぶ人が多いかという傾向を知る調査も行われました。あるアンケートでは、8割以上の人が「1人を犠牲にして5人の命を救う」を選んだという結果があるそうです。

多数派の答えが正解というわけではありませんが、その理由を考えてみると、ある考え方の違いが見えてきました。

「5人を救う」を選んだ人の多くは、1人より5人の命を救えるほうがよいという、シンプルな「数の論理」を理由に挙げています。

一方、「5人を見殺しにする」を選んだ人は、スイッチを切り替えて1人の命を奪うという行動を「殺人」と見なし、抵抗を覚えた場合が多いようです。

なるほど、確かに自分がなにもせず、5人の作業員がトロッコに轢《ひ》かれて命を落とすことは運命だといってもよいかもしれません。それに対しスイッチを切り替えるというのは、自分が助ける命を選択し、その他の人を殺すことになるわけです。

しかしスイッチを切り替えられる立場にありながら切り替えなかったということは、結果的に自分の選択で、5人を殺したことに変わりないのではないか、という意見もあります。

条件が変わると判断も変わる

「自分の選択はこうだ！」と決めても、設定が少し変わるだけで自分の答えに迷いが生じることもあるでしょう。たとえば、5人の作業員は面識のない人で、1人の作業員が自分の親友だったら……。先ほど「5

人を救う」と選択した人は、それでもスイッチを切り替えるでしょうか。また、1人の作業員が幼いころからの親友で、5人の作業員のなかには親が含まれていたとしても、答えに変化はないでしょうか。

命の重さは誰であっても変わらないはずです。しかし、実際にあなたの判断で救える命があったとしたら、あなたは、救える命の数よりも友人や家族を優先しないと断言できますか。

5人がかなり高齢の作業員で、1人が作業員でなく、たまたま迷い込んだ子どもだとしたらどうでしょうか。5人のほうが人数は多いですが、ひょっとすると余命の合計は、1人の子どものほうが長いかもしれません。

一方で作業員は仕事でその場にいたのに対し、子どものほうは誤って線路内に侵入したという過失があるのだから犠牲になっても仕方がない、ともいえます。

このように「私たちがどの命を救うのか」という判断基準は、単純な数だけでなく、対象となる人がどんな人であるのか、自分とどんな関係にあるのかによってもしばしば変わります。思考実験は、自分がなにを基準にして考え、なにを大切にしているのかを映し出す鏡ともなるのです。

次の思考実験を見てみましょう。

切り替える or 切り替えない

トロッコの切り替えスイッチが目の前にある。運命は５人を殺そうとしているとき、スイッチを切り替えるか。

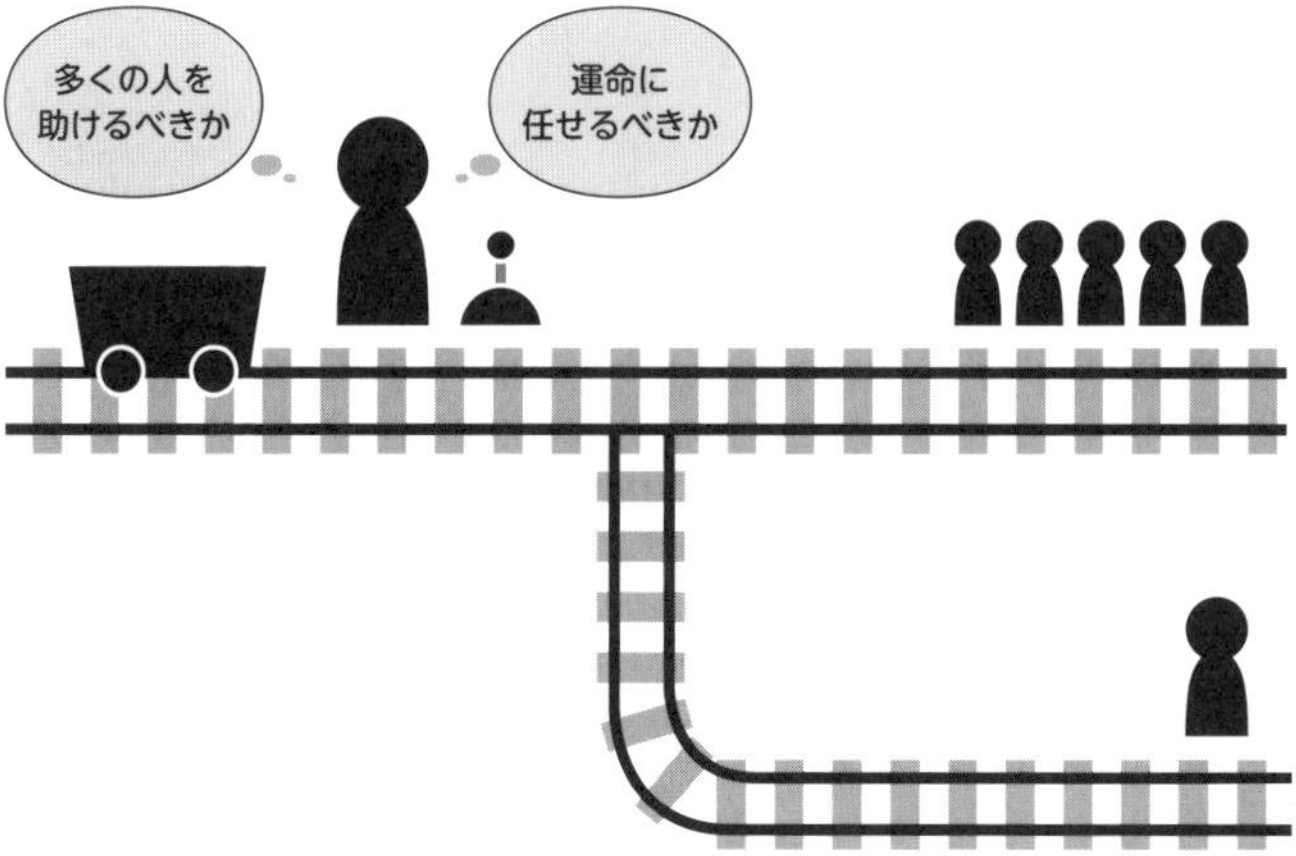

判断材料と考え方

命の優先順位を考えようとした場合、その判断材料にはどのようなものがあるだろうか。

人数

5人 ＞ 1人

関係性

親友 ＞ 他人

将来性

子ども ＞ 老人

過失

無 ＞ 有

**あなたの命に対する
考え方が見えてくる!?**

02

EXPERIMENT

トロッコ問題【太った男編】

多くの人を助けるために人は自分の手を汚せるのか

善意で人を殺せるか？

誰かを救うための人殺し

アメリカの哲学者ジュディス・ジャーヴィス・トムソンは「トロッコ問題」の派生問題として「The fat man（太った人）」を提唱しました。

この問題でも、答えは「太った人を突き落として、5人の作業員を救う」のか、「そのまま5人の人が犠牲になるのを見逃す」のか、の二者択一です。

太った人を突き落とせば、トロッコは止まり、5人の作業員は救われます。しかし、太った人は必ず命を落とします。そして、あなたがなにもしなければ、5人の作業員が確実にトロッコの犠牲になります。さらに、太った人を突き落としたとしても、あなたが殺人罪に問われたり、誰かに責められたり、恨まれたりすることはないものとします。あくまで、あなたの持つ倫理観の問題として、考えをまとめてください。

命との距離感が判断を変えるのか

「数の論理」で考えれば、この問題は前問と同じに見えます。ところが、あるアンケートの結果を見ると、今度は、「5人を見殺しにする」という答えのほうが多数派を占めています。つまり前問では「1人より5人の命を救うのが当然だ」と言っていた人たちの多くが、少し設定が変わっただけで考えを変えてしまったのです。どうしてなのでしょうか。

おそらく、前問は単にスイッチを切り替えるか否かであるのに対し、今度の設定では、生身の人間を突き落とし、積極的に殺人を犯すという点に抵抗を感じる人が多いと考えられます。

つまり、「数の論理」以上に、自分が積極的に人を殺すか否かのほうを重視する傾向にあるのです。助ける対象よりも自分の行動のほうが、選択に影響を与えることがあるという例です。これは罪悪感の強度が関係しているのかもしれません。

結果的に人を殺すことになったとしても、スイッチを切り替えるだけなのと、人を突き落とすのでは、単純な労力だけでなく、精神的な負荷も違います。一般的な感覚の持ち主であれば、たとえ殺人罪に問われないとしても「自分が殺した」という気持ちはぬぐえません。つまり、5人の命を助けるよりも「自分が嫌な思いをしない」ということのほうが重要なのです。

自分と関係のない5人であれば、仮に彼らが死んだとしても自分に直接的な問題はありません。彼らを助けるメリットよりも、自分の背負うデメリットのほうが大きいと感じるのであれば、関わらないという選択は妥当なのかもしれません。

命の価値に基準をつけられるか

もし、あなたが「5人を見殺しにする」を選んだとしても、太った人が誤って自分から落ち、結果的に5人の作業員が救われることになったら、「よかった」と思うかもしれません。

また、突き落とす対象が、動物や極悪非道な犯罪者だったらどうでしょう。もし、5人の作業員のなかに最愛の恋人がいたら殺人も辞さないという人もいるのではないでしょうか。

間接的殺人

自分はスイッチを切り替えただけであり、人が死んだのは、暴走したトロッコ事故のせいという逃げ道がある。

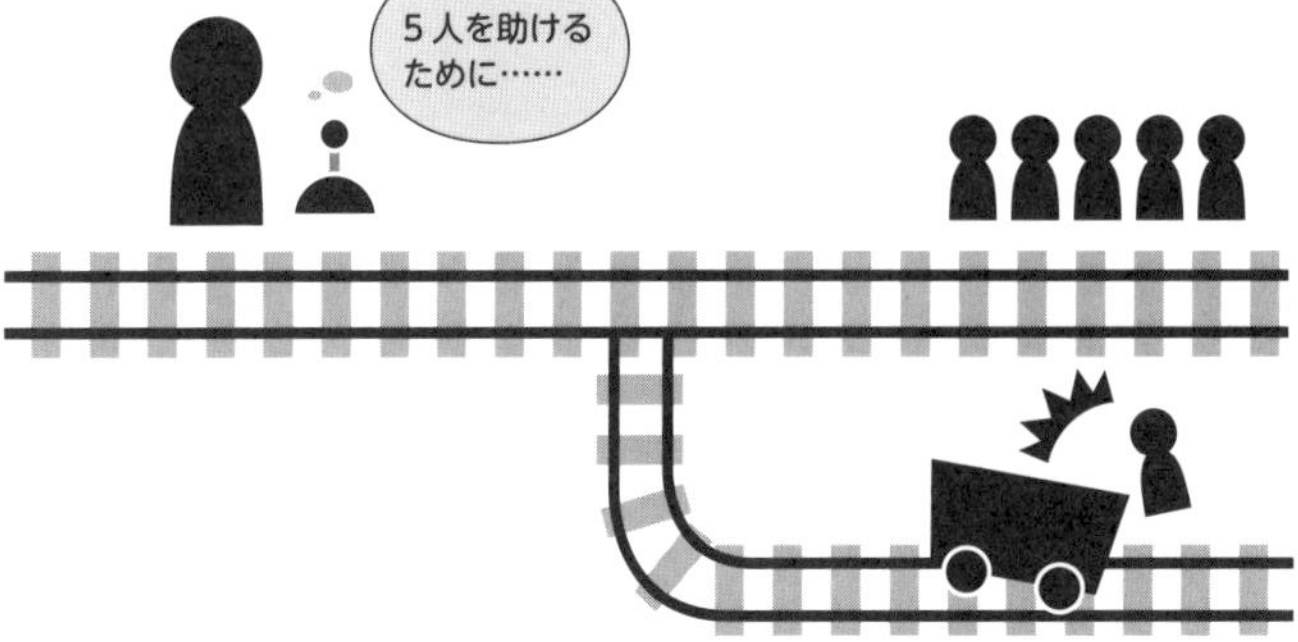

直接的殺人

自分が直接、人の体に触れて橋から突き落としているため、その人を殺した犯人はまぎれもない自分となる。

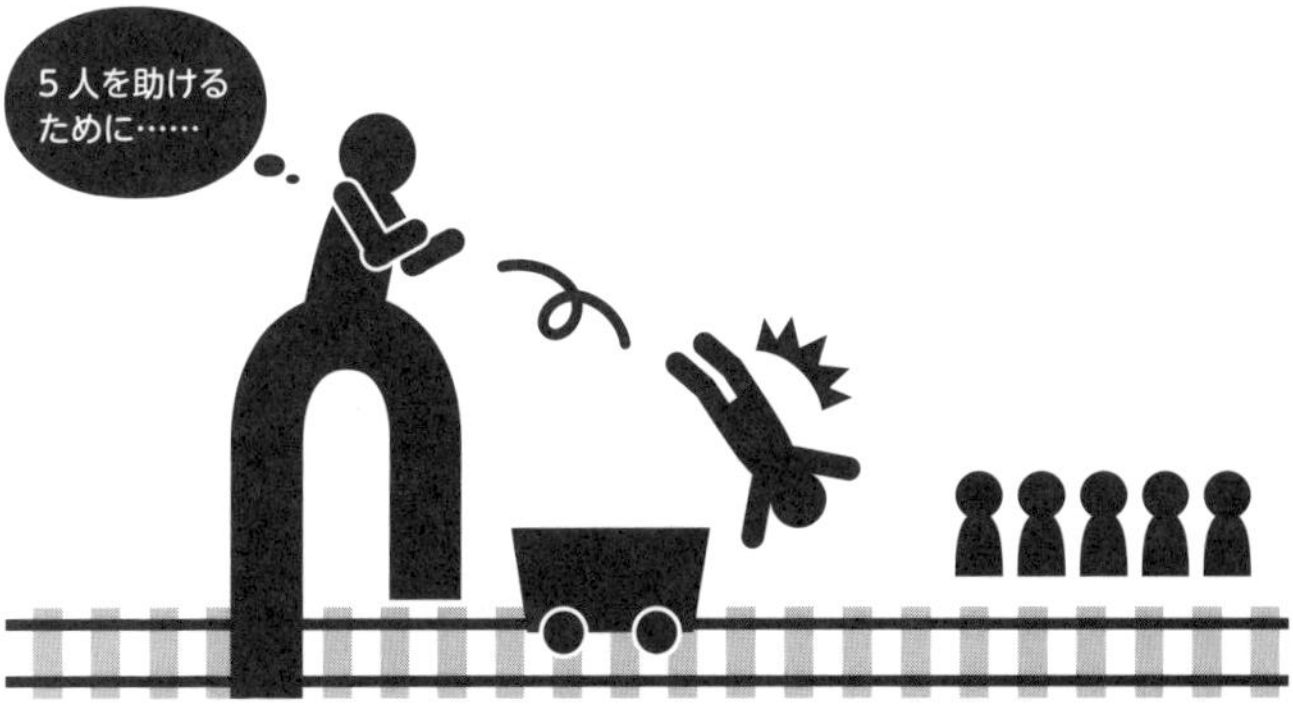

数の論理？　罪悪感？
あなたはどっちを取るか!?

03

EXPERIMENT

バイオリニストの比《ひ》喩《ゆ》

見知らぬ人を助ける義務はどこまであるのか

9カ月後にこの病気の特効薬が開発されます
それまではあなたにもここにいてもらいます
ええ!?

9カ月なんて長すぎるわ！いくらイケメンでも見ず知らずの他人だし……はやくここから出してよ！

しかし、そのチューブを抜いたら彼はたちまち死んでしまいます
それでもあなたは、そのチューブを抜いてこの部屋から出ていくと？

それは人殺しと同じではないですか？

え……？

理不尽～！

イケメンだからって……

ちらっ

人助けは善意か？　義務か？

他人の命と自分の自由はどちらが重いか

この思考実験は、「太った人」と同じく、トムソンが考えたものです。

あなたの隣に寝ているのは、若き天才バイオリニスト。もしも早世することになれば、嘆《なげ》き悲しむファンは数知れず、音楽業界にとっても大きな損失となるでしょう。だからといって、あなたにとっては見ず知らずの他人でしかありません。いかに社会的に重要な人物とはいえ、赤の他人を救うために、9カ月もの間、体をチューブでつながれ、自由を奪われた状態で過ごす義務はあるのでしょうか。

ちなみに、その間、仕事や金銭面での問題はなく、9カ月後には元通りの生活に戻れるものとします。ただし、長期間自由を奪われることに対する報酬などはありません。むろん、栄養面や衛生面などの世話はきちんと行われますが、9カ月間はまったく自由が奪われた状態となるのです。

あなたなら見知らぬ人のために、9カ月もの強制的な束縛を、無償の奉仕として許すことができるでしょうか。

人助けは義務なのか

このような問いかけがなされたとき、「見ず知らずの人であろうと、命を救うためなら、仕方がない」と言い切るのは、少々勇気がいるでしょう。世の中には、生存の危機にさらされている人、困難な環境にある人がたくさんいます。もし、人助けが義務であるならば、私たちは、休日などは常に人命救助などに従事しなければならなくなります。実際、それに近い生活を送っている人もいるわけですが、すべての人に、人助けに時間を費やすのが義務だ、と言い切るのは、かなり抵抗があるでしょう。

そうかといって、見ず知らずの人を助ける義務などないからと、チューブを引き抜いてバイオリニストを死に至らしめるのにも、かなり強い抵抗を感じることでしょう。確かに、「他人の命を助ける」という義務は、可能である限り積極的に果たすべきでしょう。とはいえ、バイオリニストを助ける側の人たちも「自由を奪うなど他人に危害を加えてはいけない」という義務を守る必要があるはずです。しかしながら、「人命」と、「9カ月という期間限定の自由の束縛」を並べると、その重みは異なってきます。

背負うリスクによって考えは変わる

この実験でも、少し設定を変えると、答えが変わってくるようです。たとえば、チューブにつながれている期間が、9カ月ではなく、1週間、あるいは1日だけとなった場合、たとえ見ず知らずの間柄であってもバイオリニストを救うべきだ、と考える人はぐっと多くなるでしょう。

また、あなたが助けることができるのが、恋人だったり、家族だったり、世話になった恩師だったりしたら……。やはり、助けるべきだと考える人の割合は増えてくるのではないでしょうか。

次に、もしあなたがこの状況に納得し、チューブにつながれることに同意したとします。しかし、病気や事故などのトラブルによって、チューブを抜かないとあなたの命が危険にさらされてしまう事態になったとき、自分の命を優先してチューブを抜くことは、無責任な行いとなるのでしょうか。

決して他人事ではない選択

実は、トムソンは、ある目的を持って、この思考実験を考え出しました。それは中絶問題の是非を問うことです。バイオリニストは「胎児」、あなたは「妊婦」、2人をつなぐチューブは「へその緒」といったところでしょう。

ここで最初にあなたが考えた答えを思い出してみてください。そして、この思考実験が、中絶の比喩《ひゆ》だったと知ったとき、あなたの考え方に変化はあったでしょうか。もし、あったとしたら、その理由はいったいなんでしょう。

1つの命を救うために9カ月も自由を束縛され、辛い思いをするのを義務だと決めつけるのには、抵抗があるという人は多くいました。とはいえ、自らの意志でチューブを引き抜き、生きられる命を終わらせることにも強い抵抗があります。しかし、あなた自身、もしくはあなたの大切な人が、そのどちらかを選ばなければならないとしたら……。

そもそも、マンガのセリフにあったように、チューブを抜くことは本当に殺人となるのでしょうか。

人を助ける義務はあるのか

「バイオリニストの命」と「期間限定の肉体の不自由」、「人を助ける」と「人を傷つける」では、どちらを優先させるべきか。

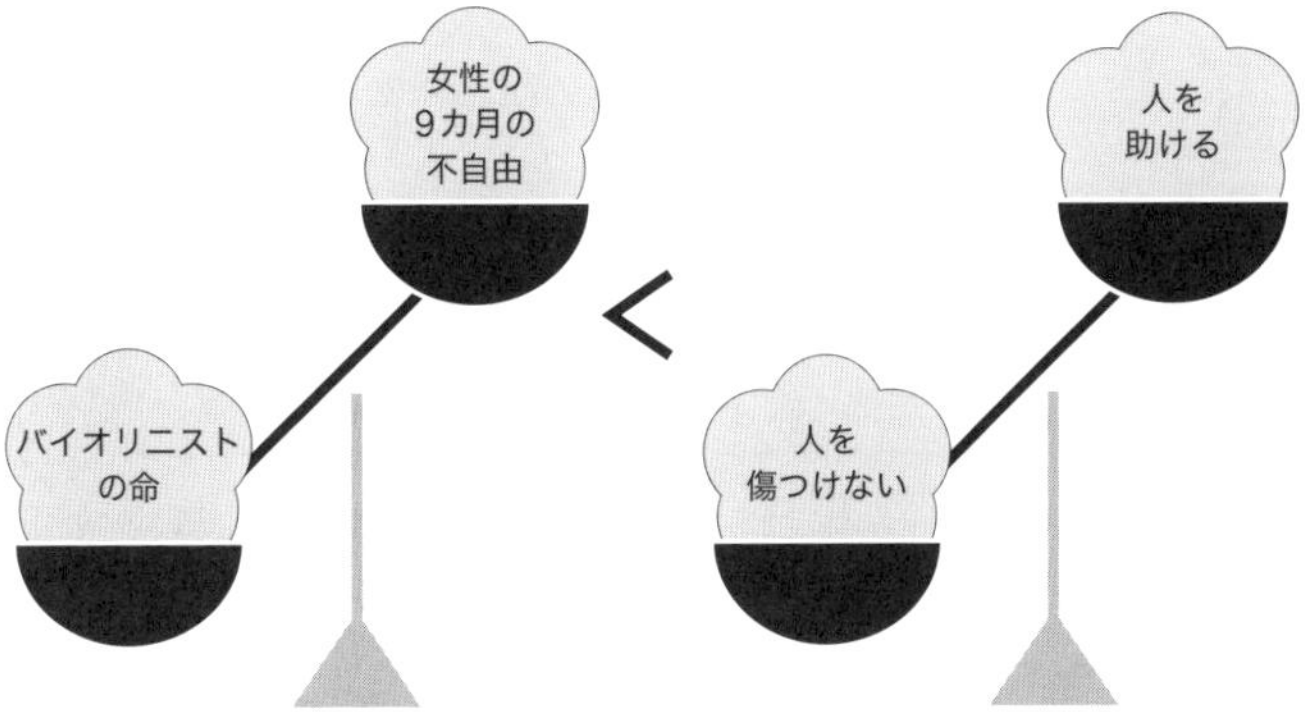

バイオリニストは胎児の比喩

バイオリニストよりも自分の体の自由を優先させるべきであるなら、堕胎問題にはどのような問題があるのだろうか。

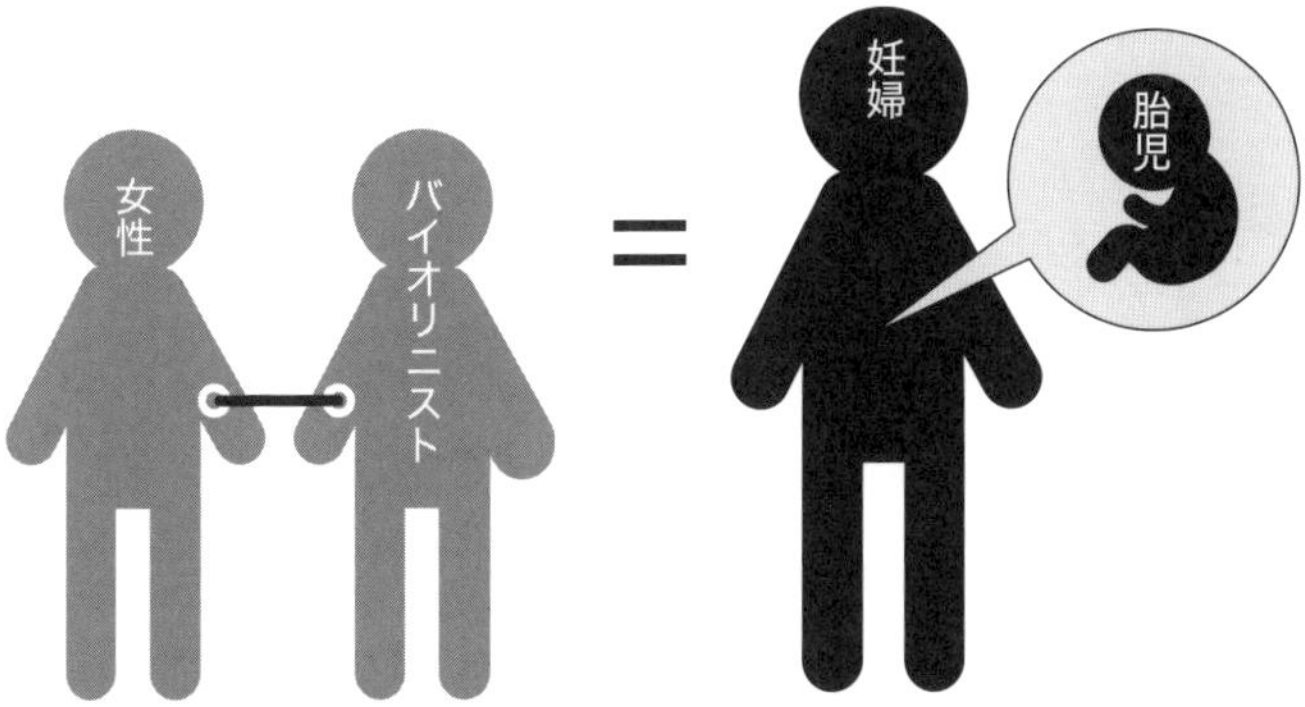

**他人の命と自分の自由
あなたはどっちが大切か!?**

04

EXPERIMENT

臓器くじ

自分の命を犠牲にしてまで多くの人の命を助けるべきか

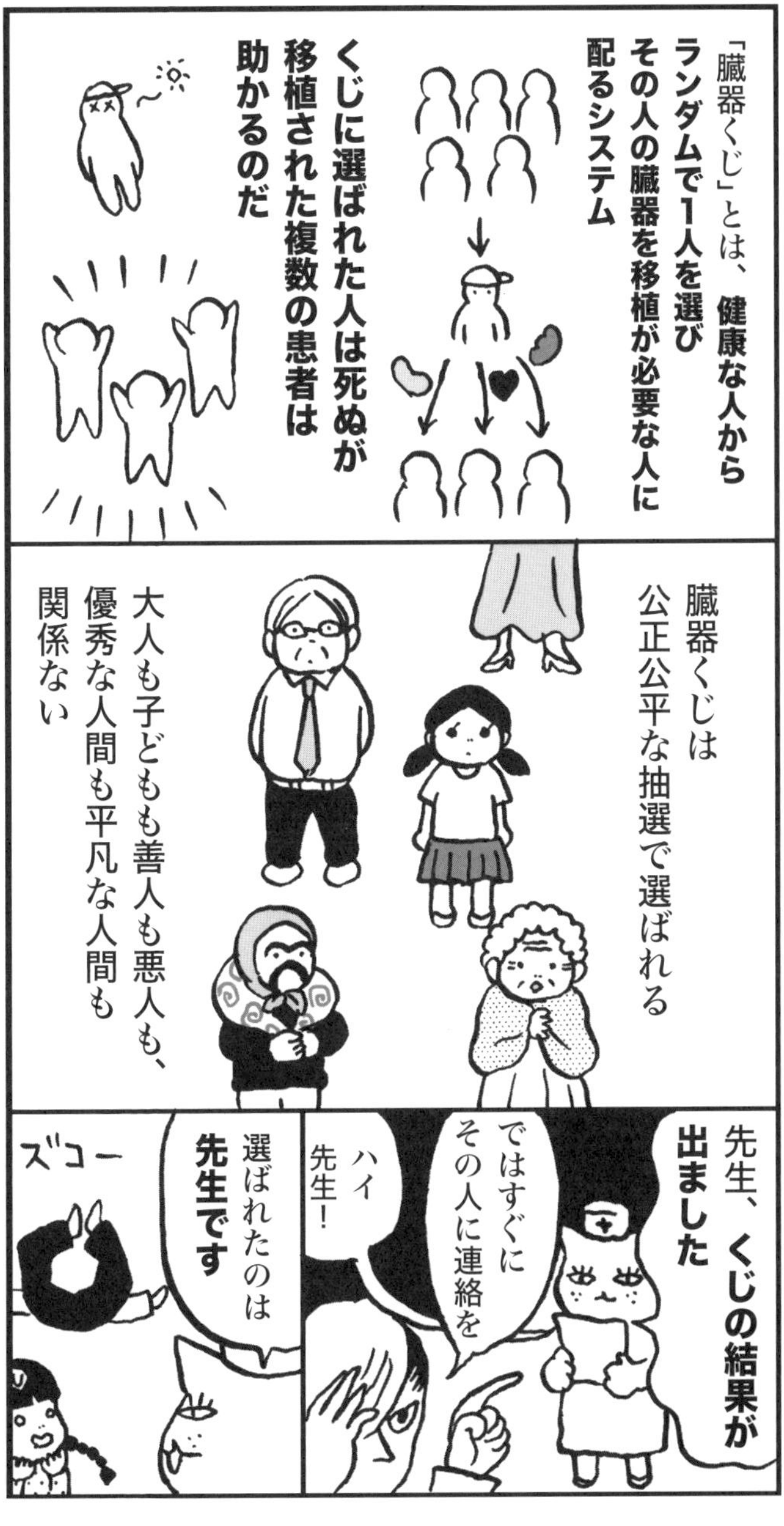
「臓器くじ」とは、健康な人から
ランダムで1人を選び
その人の臓器を移植が必要な人に
配るシステム
くじに選ばれた人は死ぬが
移植された複数の患者は
助かるのだ
臓器くじは
公正公平な抽選で選ばれる
大人も子どもも善人も悪人も、
優秀な人間も平凡な人間も
関係ない
先生、くじの結果が
出ました
ではすぐに
その人に連絡を
ハイ
先生!
選ばれたのは
先生です
ズコー

「臓器くじ」はなぜ反対される？

助けるべきはより多くの命なのか

今回は、マンガにある「臓器くじ」の是非を考えてみましょう。もしもこのような法案が国民投票にでもかけられたら、あなたは喜んで賛成しますか。それとも恐怖で反対するでしょうか。

このシステムでは、1人の健康な臓器提供者がいれば、複数の病人が救われます。仮にその数を5人としてみると、この「臓器くじ」も「トロッコ問題」と似たところがあります。1人の人を犠牲にすることで、5人の命が助かるわけですから。

この問題でも「トロッコ問題」と同じように数の論理で考えるべきでしょうか。

社会の幸せよりも当事者となる恐怖

実際には、「臓器くじ」の導入が国民投票にかけられたら、おそらく、廃案となるのではないでしょうか。「臓器くじ」にはトロッコ問題とは大きな違いがあります。「トロッコ問題」で犠牲になるのは、見知らぬ作業員が前提でしたが、「臓器くじ」の場合、自分や肉親、愛する恋人などかもしれないということです。自分や親しい人が犠牲になるのを嫌だと思うのは、当然のことでしょう。

しかし、考えてみてください。1人の犠牲で、複数の人の命が助かるのですから、確率的にいえば犠牲になるよりも、臓器移植によって命を救われる可能性のほうが高いのです。どんな健康な人でも将来、病気になる可能性はあります。「臓器くじ」を導入すれば、自分や親しい人の命が奪われる可能性よりも、命が救われる可能性のほうが高いはずです。

ところが、それでもやはり、「臓器くじ」導入には、反対だという人が多いかもしれません。たとえ複数の命を救うためだとしても、健康な人の命を奪うのには抵抗があって当然です。

別の理由も考えられます。くじが導入された場合、不利益を被るのは、くじに当たった人だけではありません。全国民が、「今度は自分の番かもしれない」という、期限のない恐怖にさらされます。この点も、「臓器くじ」導入に抵抗が大きい理由の1つといえるでしょう。

不健康なほうが生き残るという矛盾

この「臓器くじ」、英語圏では「survival lottery（サバイバル・ロッタリー）」と呼ばれています。1975年、イギリスの倫理学者ジョン・ハリスによって提起されました。

この当時は、別の議論が巻き起こりました。この「臓器くじ」が導入されると、健康な人は、くじに当たって臓器提供者に選ばれる可能性があります。一方で、病気になった場合には、安定的に臓器の提供がなされることになるわけですから、完治する可能性が今よりも高くなります。そうなると、「健康でいなければ！」という意識が薄れ、むしろ不健康な人が増えてしまうのではないか、という意見が出てきたのです。

この意見も十分説得力があります。健康な人を増やそうという試みだったのに、ふたを開けてみれば、不健康な人ばかりが増えることになってしまったのでは、本末転倒でしょう。

事実、このような議論の結果、提案者のハリス自身、臓器提供は、死後行われるべきだという主張をするようになったそうです。

対象を限定すれば受け入れられるのか

もう1つ、別の観点から問題点を考えてみましょう。すべての人がくじに当たる確率があるということは、ある日突然、総理大臣や会社の社長が臓器提供者に選ばれる可能性もあるわけです。社会的影響の高い人だけ免除、となったら、それはそれで変です。マンガの中でも、優秀な医師が提供者側に選ばれてしまいました。社会の運営や発展に問題はないのでしょうか。

選ばれてから提供までの期間についても、考えなくてはいけません。仕事や子育ての引き継ぎができなければ、社会生活が営まれるうえで、いろいろと困ることが起きます。とはいえ、1カ月なりの猶予期間があったとすれば、その間、本人や関係者はとても悲しい気持ちで過ごさなければいけません。また、その1カ月の間に、わざと不健康になってしまおうと考える人もいるでしょう。

くじの対象者を限定してみたらどうでしょう。たとえば、高齢者だけ、あるいは、犯罪者のみを対象としてみるのです。

全国民が対象となるのが「臓器くじ」でした。だから公平なのだ、と主張されていました。しかし実際には、対象を犯罪者などに絞った不公平なくじのほうが、一般の理解は得やすいのかもしれません。

とはいえ、対象を絞る基準はどうやって決めるのでしょうか。また、その「不公平臓器くじ」の採用の是非を問うとしたら、誰に問うのでしょう。

公平なくじの場合

“臓器くじ” によって助かる人命が増えたとしても、それ以上の人数が常に死の恐怖に怯えることになる。

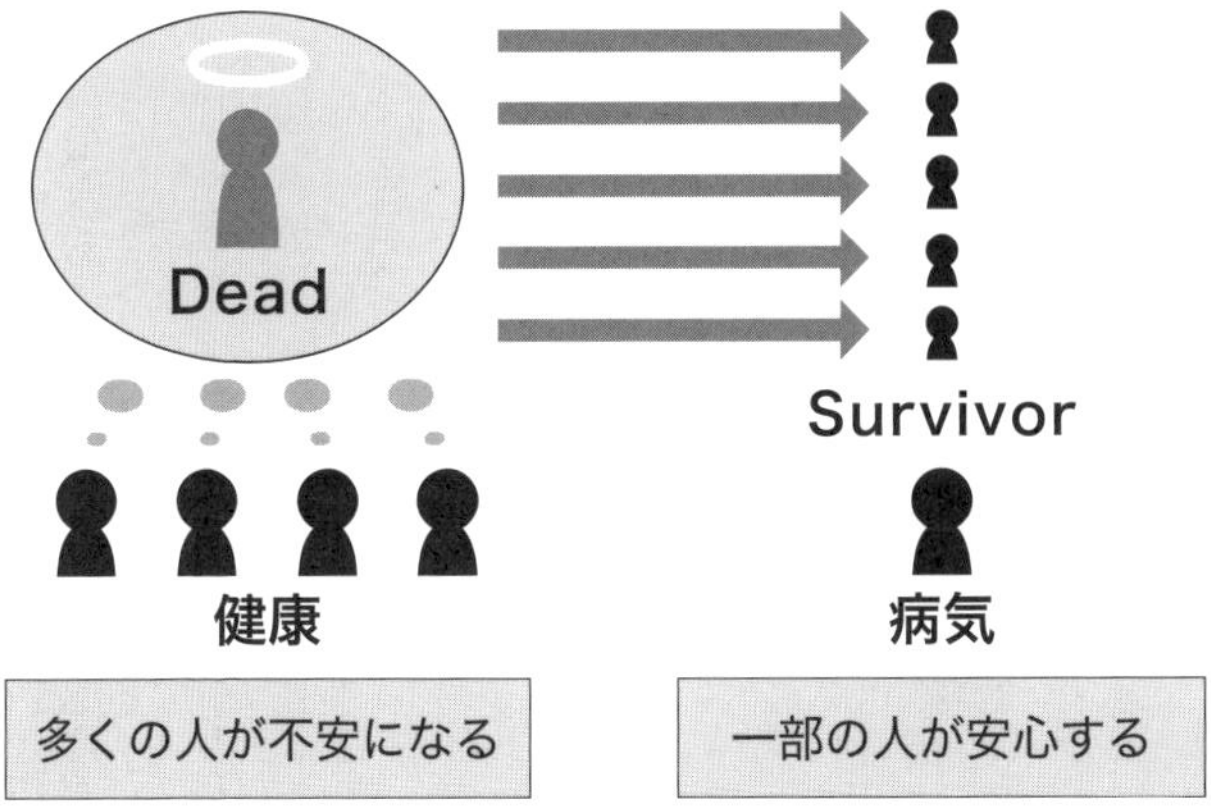

対象を限定した場合

“公平” である限り、あらゆる人に常に死の恐怖がつきまとうが、対象を絞り “不公平” にすることで、多くの人が安心する。

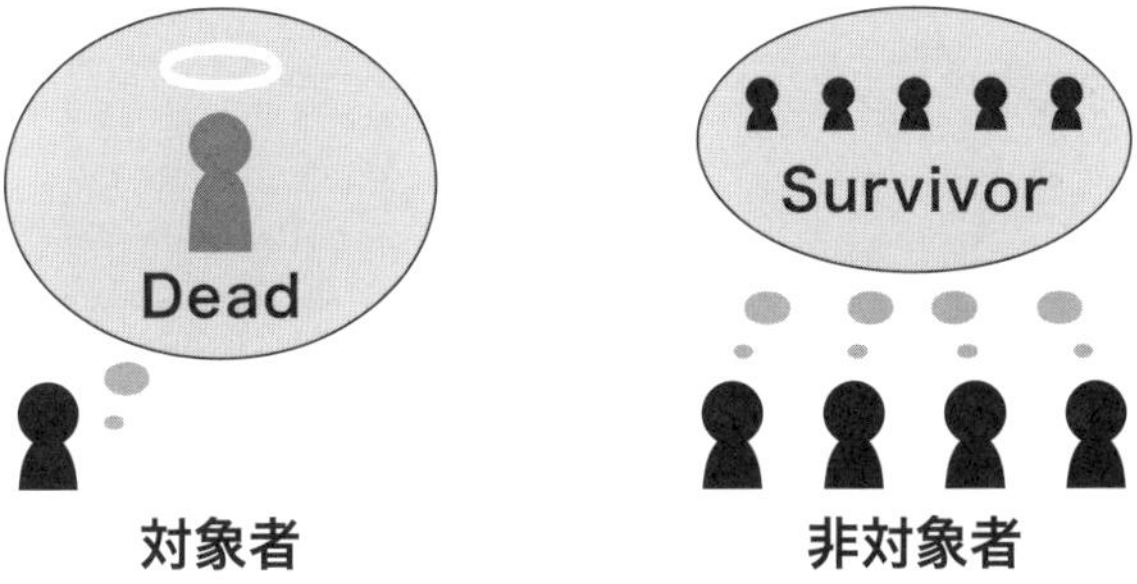

不公平で安心と公平で恐怖
あなたはどっちがいい!?

05

EXPERIMENT

臓器の再配分

人のために自分の臓器を差し出せるだろうか

公平な社会と自分の幸せ

命が奪われなければ義務でもいいのか

「臓器くじ」の問題の発展です。今回は肺や腎臓など人体に2つあり、片方がなくなっても生命維持が可能な臓器を摘出して、必要な人間に移植しています。

先ほどと大きく違うのは、「健康は多少損なわれてしまうが、命までは奪われない」ことです。そして、くじで選ばれた人間ではなく、国民全員に提供義務があります。「殺されない」ことを考えれば、「臓器くじ」よりも、賛成意見が増えるかもしれません。しかし、臓器……肉体の一部というのはかけがえのない自分の所有物であると考え、それを奪われることに戸惑《とまど》う人もいるでしょう。

また、死に直結することはなくとも、激しい運動の制限や、慢性的に健康を阻害される可能性もあります。たとえ提供先が親しい人間であったとしても、多少の覚悟は必要ですし、それが見ず知らずの人のために、強制的に提供しなくてはいけないというのであれば、強い拒否反応も仕方ありません。

映画『私の中のあなた』では白血病の姉のドナーとなるために人工授精で生まれた妹が、移植手術を強制する両親に対して「自分の体を守りたい」と裁判を起こす過程が描かれています。自分を犠牲にしてまで、誰かを救うということは美談ではあります。しかし、それを他人に強制することは正しいのでしょうか。

自分の肉体の一部を提供する不快感

もう少し受ける被害が小さなものであれば、どうでしょう。たとえば、「献血」は、自分の体の一部である血液を、必要としている人々に提供し、役立ててもらうというシステムです。大きく違うのは、血液は時間によって回復すること、あくまで希望者のみが実施するという仕組みになっていることです。もし、有志ではなく、全国民が強制的に献血させられるとしたら、抵抗を感じる人もいるかもしれません。また、貧血になりやすい体質や、献血をすると気分が悪くなってしまうという人にとっては、死ぬほどではなくとも、不快感を強制されることになるでしょう。

あなたは、困っている人のために、ためらいなく体の一部を提供することができるでしょうか。

平等で格差のない社会とは

自分の体を優先して守ることは、責められることではありません。しかし、ドナー不足が大きな社会問題であることも事実です。

オランダではこうした状況を打破するために、成人が臓器移植の提供者となることを原則とする法律が施行されます。18歳以上の全国民が臓器提供のドナーとして、あらかじめ登録されるのです。しかし、完全な強制ではなく、いつでも自分の意思で「提供拒否」にすることができます。

強制ではなく、しかし無関心でもなく……。よりよい世界にしていくために、私たちはどうしていくべきでしょうか。

平等に不健康になるべきか

自分の健康を犠牲にすれば３人が平等に不健康となる。自分の健康を優先させれば、残り２人は死亡してしまう。

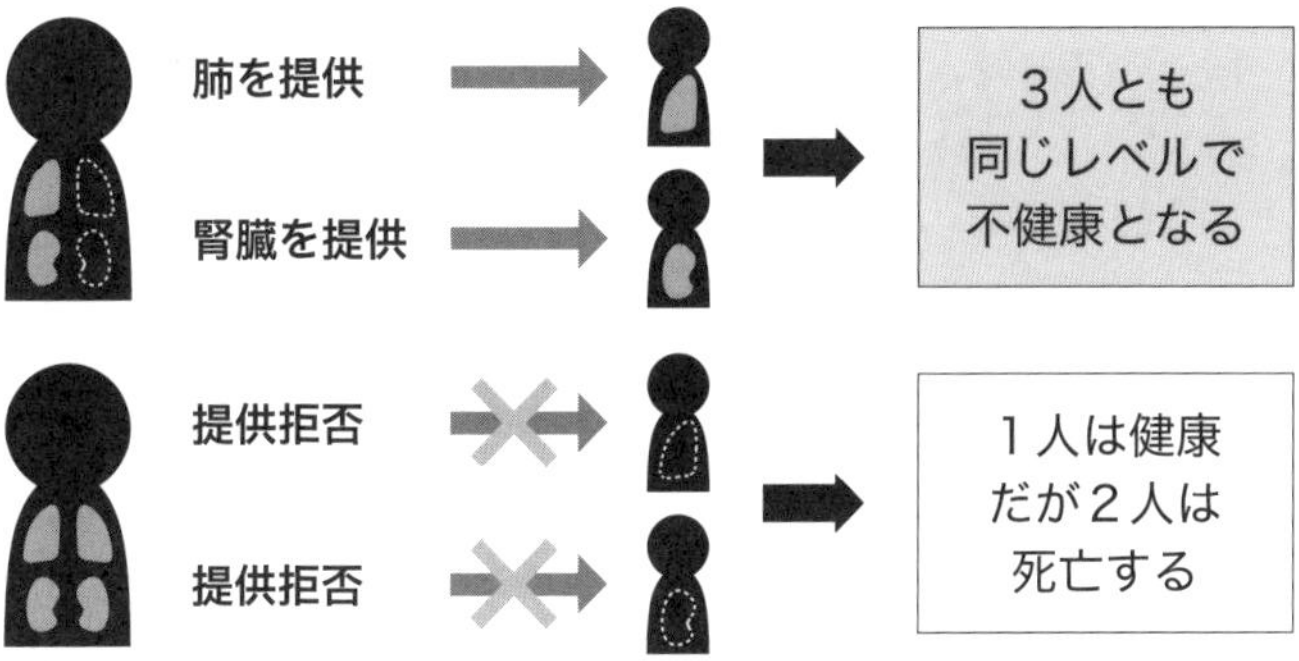

ダメージと抵抗感

他人を助けることでの自分のダメージが大きいほど抵抗感は強く、小さいほど弱くなる。

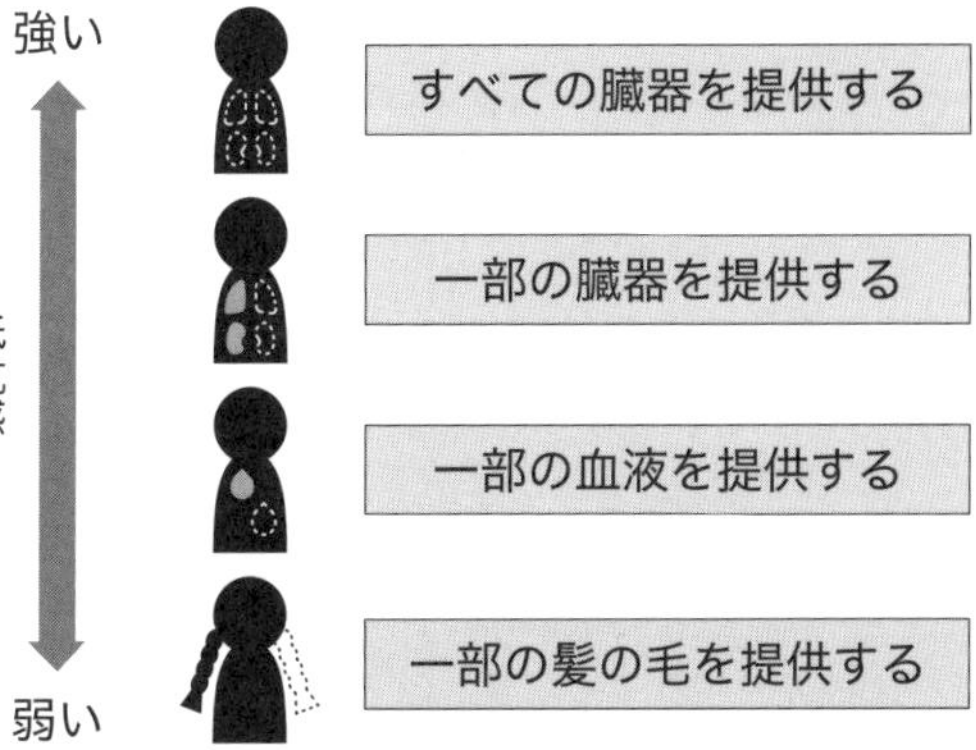

他者をどこまで大切にできるか
見えてくる!?

06

EXPERIMENT

救命ボートの倫理

自分たちを危険な状態にしても他人を助けるべきだろうか

おい！向こうから別のボートが来るぞ！
食料を分けてください……
スー…
あわわわわ
うわあああ！
どうしよう！
だめだ！ 僕たちの食料がなくなってしまうかもしれないじゃないか！
自分だけ助かればそれでいいのか！ この人でなし！
全滅するよりはマシだろう！
ガクッ
フワ〜……
おい！しっかりしろ！

富は配分すべきか？

偽善よりも優先されるリアル

これはさまざまな選択肢が考えられる思考実験です。まずは、最初の溺れている人について考えてみましょう。マンガでは溺れているのは1人でしたが、ここでは複数いるとします。

選択肢は主に次の3つです。

①溺れている人全員を助ける。
おそらくボートは定員オーバーで沈没し、全員が亡くなる可能性が高くなります。

②定員ギリギリまで救助する。
沈没まではしませんが、ボート内の環境は悪くなります。食料も不足し、全員が常に空腹の状態になるでしょう。漂流が長引けば、命を落とす人が出てくるかもしれません。また、溺れている人から誰を助け、誰を見殺しにするのか、それをどうやって選ぶのか、という問題も発生します。

③誰もボートに乗せない。
溺れている人は全滅しますが、ボート上の人々は安心してゆったりと助けを待つことができます。

さて、あなたならどれを選びますか。

もう1つは、別のボートに食料を分け与えるのか、という問題です。さすがに持っている食料をすべて差し出すという人はいないでしょう。半分ずつにする、あるいは頭割りで食料を分けるというのが精一杯ではないでしょうか。

そのほかの答えとしては、自分たちの分はしっかり確保しておいて、残りを少しだけ分けてあげるか、いっさい分け与えないかが考えられます。「さすがに、なにも分け与えないのは、ひどいのではないか」という意見もあるでしょうが、漂流がいつまで続くのかはわかりません。自分たちの命を守ることを考えれば、心のなかの悪魔の言葉にも一理あるのです。

救命ボートに隠された比喩とは

この思考実験は、アメリカのギャレット・ハーディンが1970年代に提唱したものをもとに作られています。当時、ハーディンは、ある社会的な問題を考える比喩《ひゆ》としてこの話を作りました。

実は、豊かな救命ボートは「先進諸国」、溺れている人たちや食料のないボートは「発展途上国」のたとえなのです。つまり、この思考実験は先進諸国による発展途上国支援の問題を考えるための比喩なのです。

近年、世界中で起こっている難民問題を考えてみてください。溺れている人たちは難民のたとえです。

この比喩を理解したうえで、もう一度、あなたの考えを思い出してみてください。

作者の答えは？　そしてあなたの答えは？

日本に住む私たちは、安全な救命ボートに乗っています。そして溺れている人たちを見れば「かわいそう」「どうにかして助けてあげたい」と思うでしょう。しかし、そのためには自分たちが今より劣悪な環境に陥《おちい》ることを受け入れなくてはいけないと言われたら、足踏みをしてしまう人は多いでしょう。それでも、私たちは自己犠牲を覚悟のうえで、溺れている人々を受け入れるべきでしょうか。土地や食料はどれだけ分け与えるべきでしょうか。ほんの少しの支援では、相手の飢えは収まらないかもしれません。

ちなみに、生物学者であるハーディン自身は、発展途上国に支援をしたり、移民を受け入れたりすることは、救命ボートに過剰な数の人を乗せることと同じで、先進諸国にとって自殺行為にもなる、として否定的な態度を示しました。

一方で、この考え方は反人道的であると強い反発を受けました。すべての人の人権は守られるべきであることは言うまでもありませんし、不安定な世界情勢ではいつ自分たちが難民側になってしまうのかもわかりません。ボート上の人たちが「自分には関係ない」と見ないふりを続けることは、長期的な視点からすれば、いずれ自分たちの安全を脅かすこととなります。

もちろん、国家や一部の団体では支援プロジェクトを行っていますが、それが十分とはいえないのが現状でしょう。

だからといって、無理をして共倒れになってしまっては元も子もありません。いかにして自分たちが背負うリスクを少なくし、なおかつ、溺れている人たちを助けられるのか……まだまだ議論を重ねる必要のある難しい問題です。

安全なボートの人が取るべき行動

溺れている人を見捨て、全滅を避けるために自分たちを優先させることは間違っているのだろうか。

溺れている人を

助ける ➡ 自分のボートも溺れている人も全滅する

助けない ➡ 自分のボートだけ助かる

食料不足のボートを

助ける ➡ 自分のボートも食料不足のボートも全滅する

助けない ➡ 自分のボートだけ助かる

自己犠牲とリスク

溺れている人を助けることで、自分がリスクを背負う場合、どこまで許容できるのか。

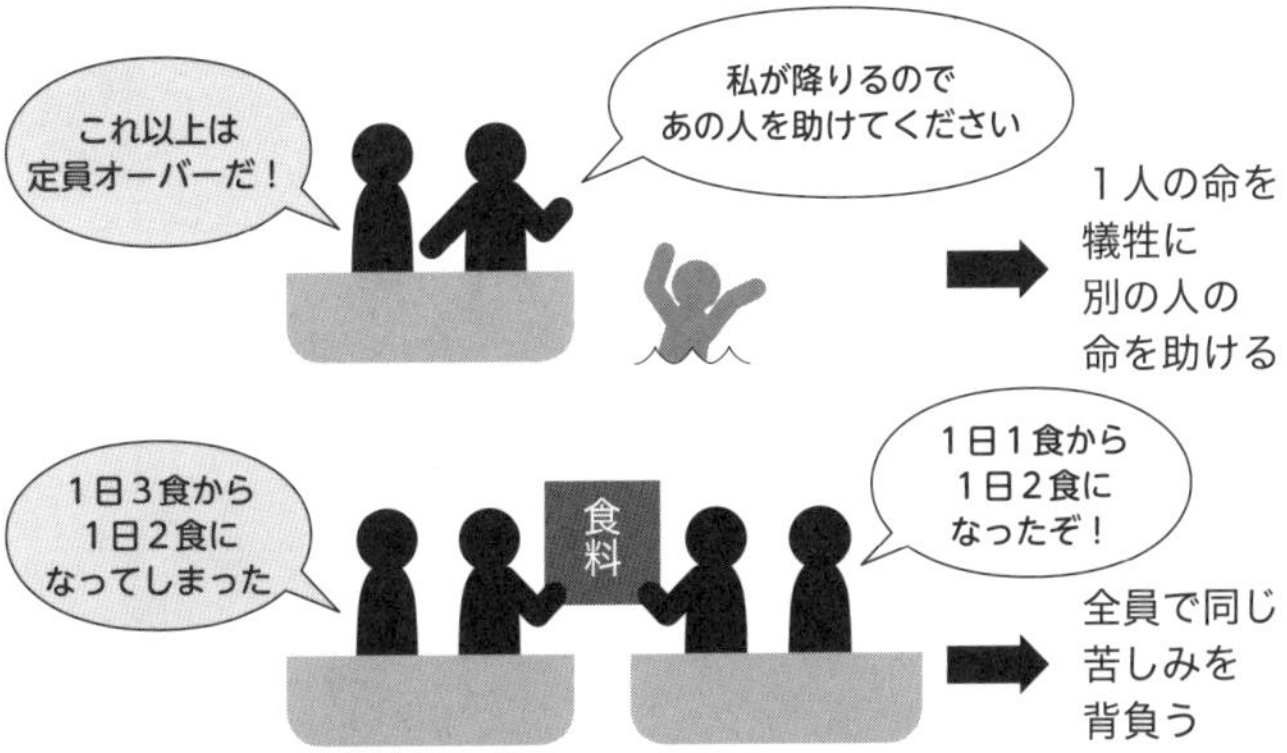

あなたの社会に対する
正義感が見えてくる!?

07

EXPERIMENT

カルネアデスの板

自分の命を守るためなら殺人は許されるだろうか

生きるために他人を殺す?

相手を助ける? 自分を助ける?

自分が生き延びるためならば、他人の命を奪ってもいいのでしょうか。これは、古代ギリシアのカルネアデスが唱え、以来二千年以上も人々を悩ませ続けている問題です。あなた1人の命を救うだけで精一杯と思われる板に、他人がしがみついてきたとき、あなたならどうしますか。

相手を助けるために板を差し出し、自分は命を落とす、という選択をする人は立派でありますが、少数でしょう。自分自身の命を守るように行動することは、人として最も基本的な行為といえるからです。

企業の管理職研修でしばしば取り上げられる「マズローの欲求段階説」においても、人は、「安全に生活したい」という欲求が満たされたのちに「愛されたい」「ほめられたい」「社会的に認められたい」など高次の欲求が芽生えるとされています。

つまり、一般的には、まず自分の生命や安全が確保されてはじめて、人を助けるといった行動がとれるものなのです。自分が生きるために他人を見殺しにする、あるいは殺人を犯すことを「よい」とはいわないまでも、「仕方がない」と思う人は多いのではないでしょうか。

殺人は許される場合があるのか

それでは、逆の立場ならどうでしょうか。あなたが溺れている人で、近くに板につかまっている人がいたら……? その人を殺して、板を奪うことは正当な行為でしょうか。実は、カルネアデスが提起したのは、こちらのほうだったのです。

自分が持っていた板を奪われそうになったのならば、相手を殺《あや》めても、正当防衛を主張することができるかもしれません。しかし、その逆はどうでしょう、というのが思考の本意です。

法律的に許されるか罰せられるかは、ケースによって異なるでしょう。たとえ、罪に問われたとしても情《じょう》状酌量《じょうしゃくりょう》で刑が軽減されることも考えられます。

自分の命よりも優先されるものはなにか

マズローの見解では、人間は自分の安全が確保されてから、人を助ける行動をとる傾向があるとお話ししました。しかし、相手との関係性によってはその限りではないでしょう。

たとえば、板につかまっているあなたのもとに近づいてきたのが、あなたの親だったら？　たった1人の我が子だったら？　愛を誓い合った恋人だったら？

また、見ず知らずの他人ではあるが、幼い子どもだった場合には？　子どもは体重が軽いので、もしかしたら1枚の板で2人の幼い兄弟が助かるかもしれません。そうしたときに、板を譲って、ホッとしながら海に沈んでいくという選択が正しいのかそうでないのか……。

そもそも、命を天秤《てんびん》にかけることはできるのか。してもよいことなのか。考えることは山積みです。

カルネアデスの板の２つの例

“数の論理” として助かる命が同じなら、自分の命を守るために
他人を殺しても問題はないのか。

あとから来た人を振り払う	先にいた人から板を奪う

どちらも助かる命は1つ

↓

罪は同じだろうか

通常の場合	相手が恋人の場合
他人の命 ＜ **自分の命**	**恋人の命** ＞ 自分の命

**命を天秤にかけることについて
あなたの考えが明らかになる!?**

08

EXPERIMENT

テロリストのジレンマ

大量殺人を防ぐためなら拷問《ごうもん》は許されるだろうか

人権か？　多くの人の命か？

現代社会が直面する課題の1つ

何千人という人の命を奪う強力な時限爆弾。事前にそのありかを突き止め、爆弾テロを未然に防がなくてはいけません。犯人はすでに捕まっており、拷問《ごうもん》をかけることで必ず真実を話すとした場合、あなたは、この拷問をよしとしますか。それとも、マンガの弁護士のように絶対反対を唱えますか。

近年、凶悪なテロ事件が世界中で現実のものとなっていて、日本でもこのような事件が起こらないとも限りません。しかし、拷問は「非道」な行為として国際的に非難の的となっており、日本では憲法により禁止されています。

拷問が許されるときはあるのか

拷問してもよい、という意見もあるでしょう。その主な理由は、「トロッコ問題」のときから、たびたび登場する「数の論理」です。1人に苦痛を与えることで数千人の命が救われるというのなら、数が多いほうの幸福を優先すべきだという考え方です。この「数の論理」を優先する考え方は、倫理学や政治学の言葉で「功利主義《こうりしゅぎ》」といいます。これを提唱したイギリスの哲学者ジュレミ・ベンサムは、よいか悪いかの判断基準は「最大多数の最大幸福」だと述べています。

この功利主義の考え方からすれば、1人に苦痛を与えることで何千もの命が救われるわけですから、拷問は正しい行いということになります。

それでは、もし、このテロリストがどんな拷問にも耐えるが、最愛の子を目の前で拷問にかければ白状する、ということになったとき、この子どもへの拷問は正しい行為なのでしょうか。テロリスト自身を拷問にかけることには同意した人でも、テロリストの身内というだけで、まったく罪のない子どもに拷問をかけることに嫌悪感を持つかもしれません。しかし、テロリストとその子どもの2人に苦痛を与えるだけで、何千もの命が救われるのですから、功利主義の考え方からすると、これはよい行為になります。

人権はいつでも守られるべき？

もちろん、マンガの弁護士のように、拷問は許されない、という立場の人もいます。いついかなるときでも、人権は擁護されるべきだという考え方です。

少し違った考え方から拷問に反対する人もいます。たとえば、今回のような大量殺人に結びつく犯罪に限り拷問を許すとした場合、どこからが大量殺人かという線引きが重要です。仮に10人以上とした場合、9人までは拷問しない、という判断でよいのでしょうか。しかし、それは事前にわかるのでしょうか。

犯人の目的が大量殺人でなかった場合はどうでしょうか。ハッキングによってインフラを麻痺させる犯罪の場合、多くの人が危害を被りますが、何人亡くなるかは検討もつきません。このように線引きが難しく、一度許されると際限がなくなるため、いついかなる場合でも拷問は禁止すべきという意見があるのです。

この意見を受け、表向きは拷問は禁止というスタンスをとりながら、実際には必要に応じて裏で行うという場合もあります。

思考実験の前提となる条件

拷問禁止の理由に、拷問で得た情報の信ぴょう性の疑いがあるが、この思考実験では必ず正しい情報が得られるとする。

冤罪《えんざい》の可能性はない。

虚偽の証言をする可能性はない。

数の論理

“数の論理”でより多くの命を助けるためならば、無関係な少数の人間の人権侵害も許されるのか。

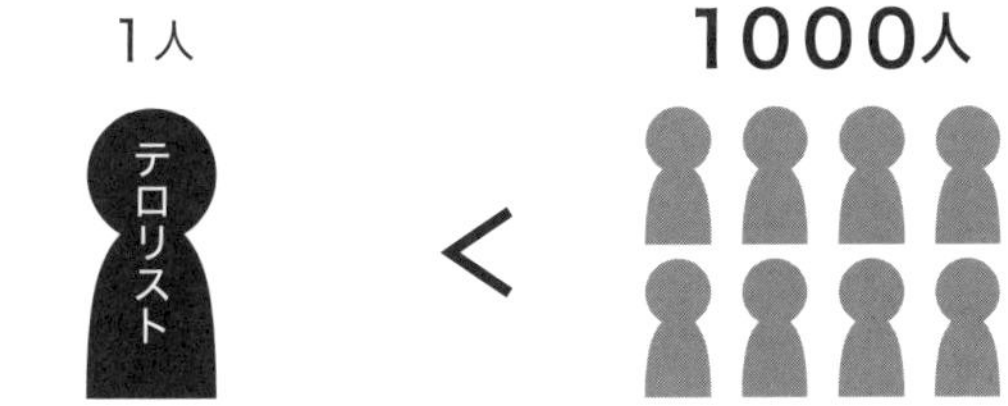

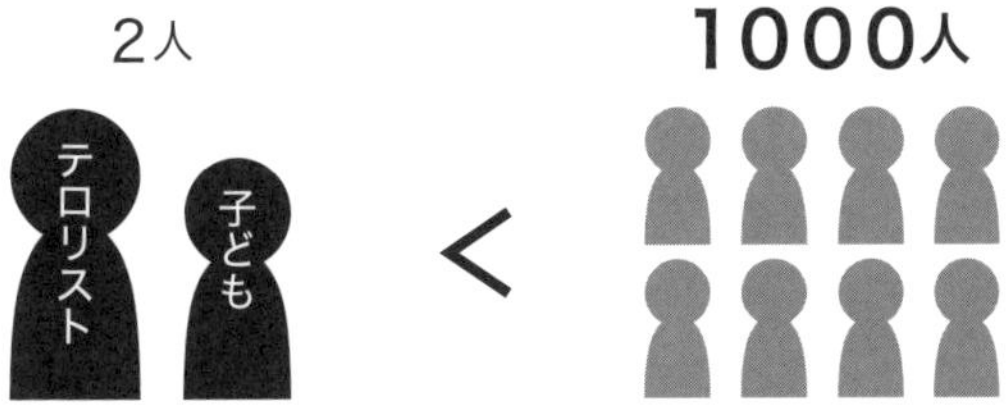

人権を守るとはどういうことか
あなたの価値観が活かされる!?

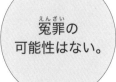

09

EXPERIMENT

功利《こうり》の怪物《かいぶつ》

幸福を感じやすい人こそが他人より幸福になるべきか

「数の論理」は善か？

幸福の最大化をめざす「功利主義」とは

本題に入る前に、ここで前項で取り上げた「功利主義《こうりしゅぎ》」について、もう一度軽く触れておきましょう。

功利主義においては、個人の行動や社会政策は、「最大多数の最大幸福」が実現されることを目標としています。したがって、「トロッコ問題」では、1人より5人を救うのが正しいとされるわけです。

そして、この功利主義では、「最大多数の最大幸福」を実現するために、幸福の度合い、苦痛の大きさなどを数値化することを目的としています。これは「快楽計算」などと呼ばれているものです。

マンガに登場する「博士」は、この幸福度を数値化する装置の開発に成功したようです。大発明です。

全体の幸福度が高ければよい社会

マンガでは、博士の新発明として、人の千倍も幸福を感じるという「ハッピーちゃん」が登場します。ハッピーちゃんにケーキをあげれば、人の千倍も幸せになるわけですから、その分、幸福の総量が上がるわけです。しかし、ハッピーちゃんだけにケーキをあげ続ける社会が、理想的な社会だといえるのでしょうか。

多くの人が、これには納得できないでしょう。ハッピーちゃんを幸福にするために、ほかの人々はケーキを食べることを我慢しなくてはならない……つまり「不幸」になるのです。それを理想的な社会だと考える人は少ないでしょう。

ただし、こう反論する人もいるかもしれません。

「快楽計算では苦痛の大きさも数値化するのだから、人々が我慢する苦痛度が、ハッピーちゃんの幸福度を上回るならやめればよい。それまでは、ハッピーちゃんにケーキをあげ続けるべきだ」と。

大切なのは苦楽の総量か？　個人の自由か？

この思考実験は、アメリカの哲学者ロバート・ノージックが1974年に唱えたものをもとに作られています。ノージックは「最大多数の最大幸福」が達成される社会の実現のために、個人の自由が制限されることの不合理を、ハッピーちゃん、すなわち「功利の怪物」を例にとり説明しようとしたのです。たとえ社会全体の幸福度が上がるとしても、個人が自由にケーキを食べることができない社会などおかしいではないか、という主張です。

人のために自分の幸福を犠牲にできるか

ここで、少し視点を変えてみましょう。ハッピーちゃんのような功利の怪物は別としても、人によって幸福の感じ方に差があるのは事実です。同じケーキを食べても、人の倍も幸せを感じる人はいそうです。

また、あなたが日常的に食べているおやつを、飢えに苦しんでいる発展途上国の人にあげたら、あなたの何倍もの幸福を感じるに違いありません。だとしたら、豊かな人は少し我慢し、より幸福を感じる人に分け与えることは、必ずしもいけないこととはいえないでしょう。

ただし、それを国家なりの強制によって行うのか、あくまで自主性に任せるのかによっても、また、意見は変わってくるはずです。

誰かの幸福のための犠牲

幸せの総量を上げるための仕組みが、より多くの人の不幸につながってしまうのはどうしてか。

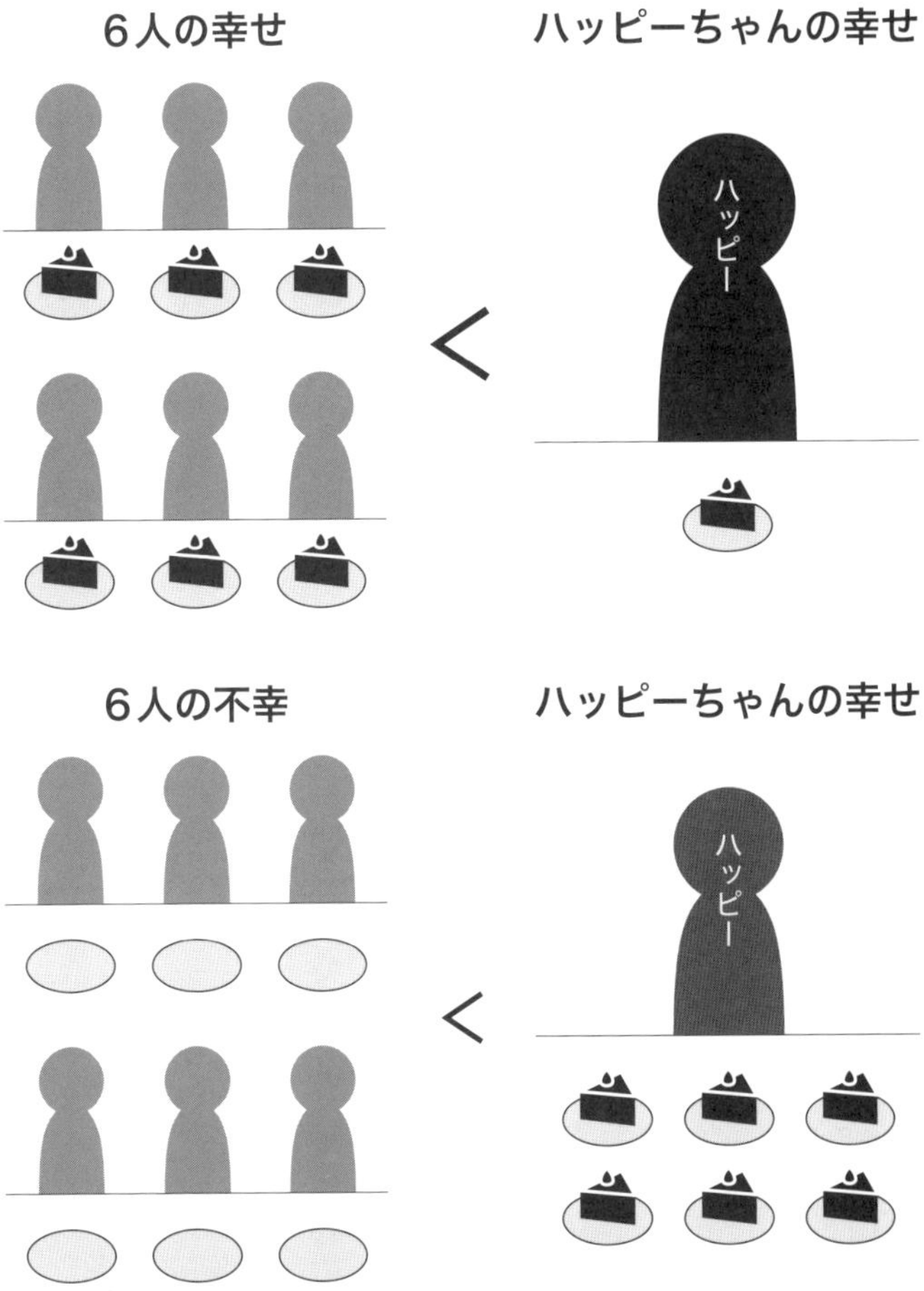

幸福の度合いについて
あなたの考えが深まる!?

EXPERIMENT 10

善なる神

人はなにを基準に「善」を決めているのか

わっ
パァ〜
唐《とう》突《とつ》だが私は神だ！
お前をずっと見てきた
お前は善の心を持った正しい人間……しかし神を信じていない！ なぜだ!?
では、私も神に聞きたいことがあります！
なんだ!?
あなたは人間に善行をするように言いますが
善
善
それはあなたが信じるから善なのですか？ それとも善だからあなたが命じるのですか？
モチロン神である私が命じるから善なのだ！
では、あなたが「ものを盗め」と命じたら、それは善になるのですね？
解釈違いです さようなら
ウソウソ！ 善なことだから私が命じるんだよーん！
では神と善は関係ないですね さようなら

「善」の基準はどこにある？

善人の行動基準を考える

さまざまなことを考えさせてくれる思考実験です。善人と神とのやり取りを読むだけでも十分おもしろいのですが、ここではその先を考えてみましょう。

見事、神を論破した善人。結局、善を行うのに、神は必要ないという結論に達しました。それでは、この人は、これからなにを基準に「善」を行っていくのでしょうか。法律でしょうか。しかし、国によって時代によって法律は異なります。それに、この世には法律に規定されていない善行もたくさん存在するではありませんか。それでは、この善人は、いったいなにをもって善とする気なのでしょうか。

もし神が善でないことを要求したら

もしも神が、善でない（と思われる）ことを命じてきたらどうするのかを考えてみましょう。神の命令だからと疑わずに実行しますか。多少疑問は持ちながらも、なにか深いわけがあるのだろうと考えて、やはり命令に従いますか。それとも、そのような命令には従わないでしょうか。

現代の日本では「神」はやや遠い存在なので、いまいちピンとこないかもしれません。では、私たちが普段、善の基準としている「法律」に置き換えて考えてみましょう。すなわち、法律で決められているから善なのか、善だから法律で決められているのかです（世の中には悪法も存在するという考えは、いったん置いておきましょう）。

もし、法律が突然変わり、これまで犯罪と思われていた行為が推奨されるようになったら、あなたはそれを行いますか。これは善だと信じながら、盗みや人殺しを行うでしょうか。

また、法律が犯罪を取り締まらなくなったとき、お店から商品を盗んでも罪に問われないとしても、あなたはきちんと代金を支払うのでしょうか。

生きていくうえでの行動基準

結局、この「善なる神」との対話の先を考えていくと、私たちは、なにを「善」とするべきか、というところに行き着きます。神の教えや法律がいっさいない世界では、私たちはなにを基準に取るべき行動を決めたらいいのでしょうか。

哲学者の言う通り、神がいなくても善は成り立つのかもしれません。しかし、共通の価値観として善を失ったとき、その基準は個によって偏《かたよ》ります。功利主《こうりしゅ》義《ぎ》を正しいと考える人は「最大多数の最大幸福」を行動基準にしますし、その逆に、個々の自由意志を尊重することがよいと考える人は、そのようにふるまいます。おそらく、両者が対立することもあるでしょう。

結局、本章にあるような思考実験を繰り返し、自分の答えを探していくほかないのかもしれません。

神の言葉が善の場合

“神の言葉”という共通の善の概念によって、全員の価値観を合わせられる。

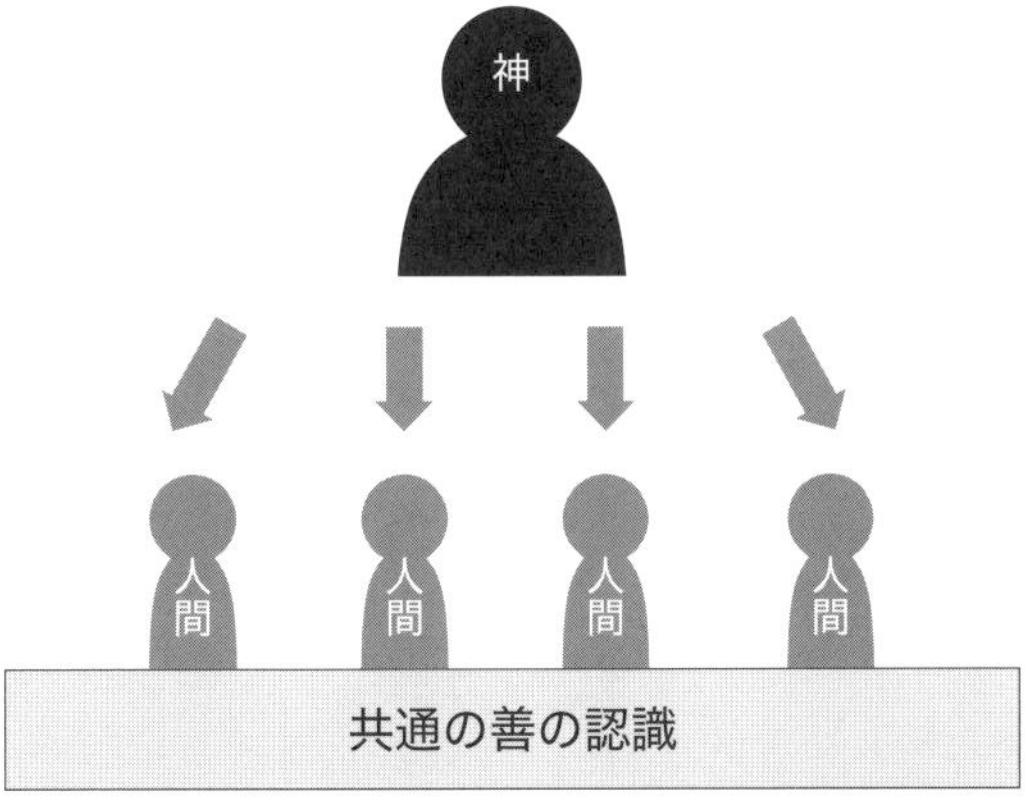

共通の善を持つことができるか

それぞれが各自で善の基準を持ったとき、相反する考えの人と対立することがある。

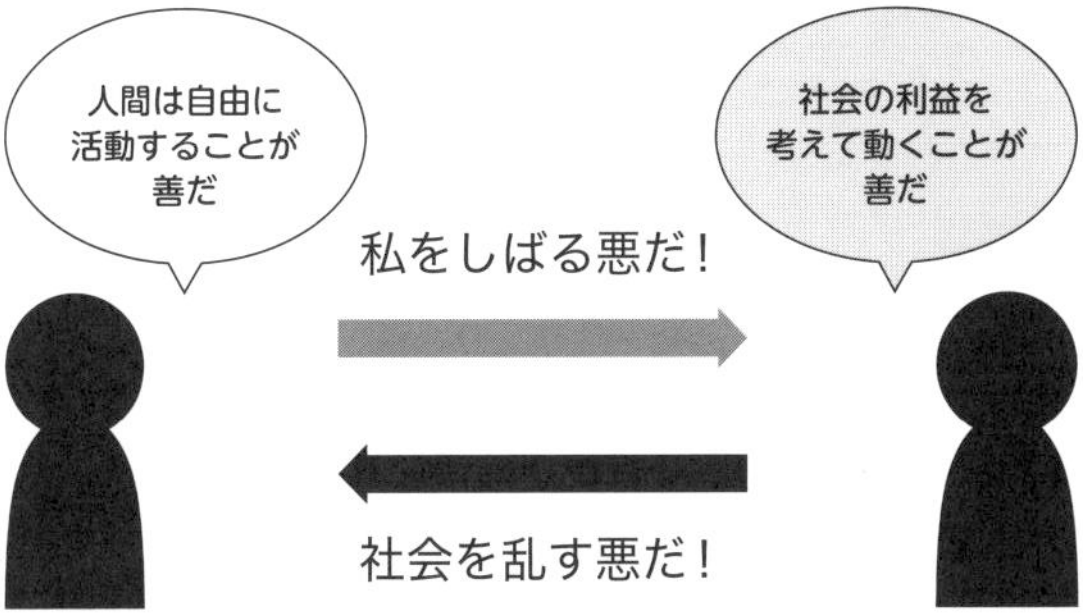

現代社会に共通善は必要？
あなたの社会性が見えてくる!?

得をする不公平

公平な扱いをすることは必ずいいことなのか

公平さはいつもよいことか？

得か公平性か

2人の孫を公平に扱いたいおじいさん。しかし、2人の選んだ服は、それぞれ3000円と4000円のもの、公平とはいえません。さて、あなたがこのおじいさんだったら、このまま孫たちの望む服を買い与えますか。それとも、どちらか、または両方に、別の服を選ぶように説得しますか。なお、孫の希望に沿って服を買うと合計7000円となり、当初の予算（3000円×2＝6000円）よりも高くなりますが、おまけで2000円分（1000円×2個）の帽子がついてくるので、経済的な面で見れば、得になるとして考えることにしましょう。

なにを不公平と感じるのか

2人の孫にしてみれば、金額に違いはあっても、それぞれの欲しいものを買えたほうがうれしいでしょう。もし、金銭的な公平性を重んじて4000円の服を選んだ孫に、3000円以内で服を選び直させれば、もちろん不満でしょうし、3000円を選んだほうも帽子がもらえなくなるため、不満を抱きます。孫2人にしてみれば、このまま希望する服を買ってもらえたほうがよい結果になるのです。

不公平なほうがよい結果になる、というのも不思議な話です。2人を公平に扱うのであれば、約束通り3000円以内で服を改めて選ばせ、そのうえで、不満を解消するために、帽子をそれぞれに買ってあげるという方法もあります。しかし、その場合には800

0円の出費となり、最初の状況よりも1000円プラスしたにも関わらず、安い服を買うことになるのですから、ちょっと損した気分になります。

なぜ公平に扱う必要があるのか

そもそもどうして「公平」に扱うことが必要なのでしょうか。一般的に、不公平な扱いをすれば、一方が損をすることになります。金銭的なデメリットのほか尊厳が傷つけられるなど精神的、社会的なダメージを受けることもあります。互いの関係を同等に保つことで集団内の秩序を守るのです。金額のような客観的な数字で表されるものはわかりやすいでしょう。

しかし、孫たちにしてみれば、金額には関係なく、好きなものを買いたいだけなので、不公平と感じることもなく、安い服を選んだほうも尊厳が傷つけられたとは考えないでしょう。ここで3000円を選んだ孫が「相手はルールを破った。ずるい」と訴えたのであれば、当然、4000円を選んだほうはルールに則って服を選び直す必要があります。公平であることが必ずしも経済的とはいえませんが、世の中にはそれ以上に優先するべき秩序があるのも確かなのです。

ここでマンガには登場していませんが、2人の孫の母親たちの目線に立ってみましょう。「帽子が手に入る」というメリットのために、孫本人たちが互いに納得していたとしても、安い服を買ってもらったほうの母親は「不公平だ！」と怒るかもしれません。親たちから見れば金額的な扱いの差から、不公平感が生まれます。すると、集団の秩序が乱れてしまい、感情的な対立へと発展してしまうのです。

金銭的に得な買い物

公平であることがよいとされる一方で、そのことで両者が損をするケースでは、不公平であることがよいことだろうか。

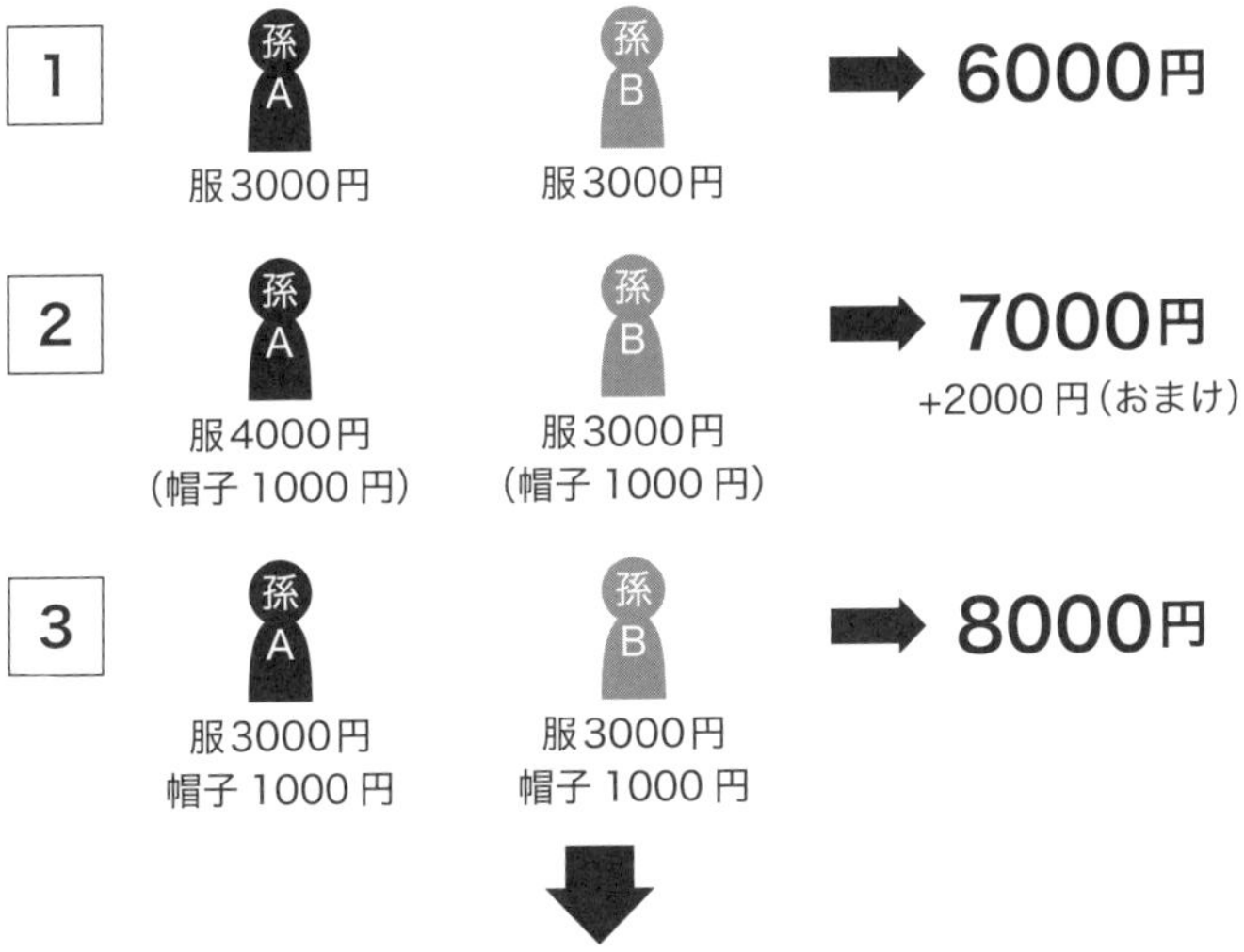
1
孫A
服3000円
孫B
服3000円
6000円
2
孫A
服4000円
（帽子 1000 円）
孫B
服3000円
（帽子 1000 円）
7000円
+2000 円（おまけ）
3
孫A
服3000円
帽子 1000 円
孫B
服3000円
帽子 1000 円
8000円

2が一番お得となるが、一番不公平になる

公平にするべき理由はあるか

公平さを欠くことによって集団の一部に不利益が生じた場合、秩序が乱れ、集団全体のパフォーマンスが下がる。

祖父
4000円
孫A
3000円
孫B
損
Bの母親
私の娘にも
4000 円の服を
買ってもらう
権利がある！
集団内の
対立を
生む

**どこまで公平にするべきか
集団内でのふるまい方が見えてくる!?**

12

EXPERIMENT

盗賊と赤ちゃん

全滅を避ける選択肢なのに抵抗感が大きい理由とは

1人の犠牲？ みんなの犠牲？

多数の命を助けるために

赤ちゃんの命を奪わなければ、地下室に逃げのびた全員の命が危ない……。1人の命を奪うのか。それとも多数の人間を見殺しにするのか。

こう考えると、この思考実験は、この章のはじめで扱った「トロッコ問題」、特に「太った男編」とよく似ています。地下室に逃げ込んだのが赤ちゃんを含めて5人だとすると、「1人の命を犠牲にするのか、5人を見殺しにするのか」という選択肢になります。

さて、あなたがこの場にいたとしたら、赤ちゃんの命を奪うことを選択するでしょうか。なお、これは思考実験なので、命を奪う以外に赤ちゃんを黙らせる手段はなく、赤ちゃんが黙らなければ、地下室は盗賊に見つかり、全員が命を落とすものと考えてください。

選択しても抵抗を感じる理由

この思考実験を提示した場合、数の論理で考えれば、「1人の命を奪う」、すなわち「赤ちゃんを殺す」という選択肢しかありません。しかし、その答えを出すのに、抵抗を感じる人が多いはずです。その理由を考えていくことにしましょう。

「1人の命を奪う」という選択肢を選ぶ理由は簡単です。それはこの問題がトロッコ問題と違い、赤ちゃんが黙らなければ、赤ちゃんを含むすべての人が盗賊に見つかり、命が奪われるからです。つまり、いずれにしても赤ちゃんは命が奪われる運命にあるわけですから、ほかの人の命を救うほうが合理的です。

善と悪がクロスする

今までの思考実験から「人に危害を加えない」「他人を救う」という行為は自分の安全が保証されてはじめて行う人が多い、と学びました。また、数の論理から考えれば、悩むことなく赤ちゃんを犠牲にするほうがいいでしょう。そのことで、自分を責める人は誰もおらず、むしろ感謝され、英雄視されるかもしれません。「よい」行為として賞賛されるのです。

それなのに、赤ちゃんの命を奪うことに大きな抵抗があるのはなぜでしょう。その理由はいろいろと考えられますが、まず、多くの親にとって実の子というのは何物にも代えがたい、自分の命よりも大切な存在といえるでしょう。また、赤ちゃんが、純粋無垢な存在で、自分1人では生きられない代わりに、意図的に誰かを殺《あや》めたり、傷つけたりはできない存在であることも理由の1つでしょう。賛否はありますが、日本には相当死刑制度が存在し、他人に危害を加えた人間には相当の罰を与えるべき、という考え方があります。その考え方からすると、人を傷つけることのできない赤ちゃんは罰を受けるべき人間と対極で、それゆえ、赤ちゃんの命を奪うことに抵抗を感じるのです。また、これから手つかずの未来が待っている、ということも、赤ちゃんの命を大切に思える理由でしょう。

このように考えていくと、赤ちゃんの命を奪うということは、通常では考えられないほどの「悪」でしょう。「善悪」の基準は、時と場合により変化するものなのです。

トロッコ問題との違い

トロッコ問題では少数の命と多数の命を天秤にかけていたが、今回の思考実験では1人も助からない可能性がある。

トロッコ問題	盗賊と赤ちゃん

トロッコ問題	盗賊と赤ちゃん
1人死ぬ or 5人死ぬ	全員が死ぬ or 赤ちゃん以外助かる

赤ちゃんを殺すことは正しいのか

罪のない赤ちゃんを殺すことは「よくないこと」だが、赤ちゃんを含めて全員殺すことがよいのだろうか。

		結果	
A	赤ちゃんを殺さない	→	村人(赤ちゃん含む)が殺される
B	赤ちゃんを殺す	→	村人が助かる

“数の論理”の限界が見えてくる!?

WORD CHECK

功《こう》利《り》主《しゅ》義《ぎ》

幸せの総数を求める

功利主義とは、社会を個人の総和としてとらえ、最大多数の個人による最大の幸福こそ、人間がめざすべき善であるとした思想です。

「社会全体の幸福」を重視するという発想から生まれ、19世紀の産業革命期のイギリスで、盛んに議論されました。当時のイギリスは、市民階級と貴族階級との身分の差が激しく、社会的な面、経済的な面で市民は我慢を強いられていました。

哲学者であり、法学者でもあるベンサムは、「最大多数の最大幸福」をスローガンに、どのような事柄に対しても少数者よりも多数者を優先した社会的制度が必要であると主張しました。

この主張の核は、人間の価値を「人数」としてとらえ、その人間が持つ地位や才能などの価値の一切を無視し、完全に平等な扱いをしたことにあります。

ベンサムの考え方は、イギリス全土に普及し、選挙法や救貧法の改正など、自由主義改革運動の大きな推進力となりました。

しかし、数を優先した考え方には、いくつかの問題点があります。たとえば、社会全体の利益のために少数の人間の不利益が、正当化されてしまうという危険性をはらんでいることです。こうした問題を受けて、ベンサムに続く功利主義者である政治哲学者ミルが、幸福に質的な違いがあることを主張し、理不尽な正当化を防止する質的功利主義を打ち出しました。

関連する思考実験

✓トロッコ問題➡P.10　✓臓器くじ➡P.26
✓テロリストのジレンマ➡P.46　✓功利の怪物➡P.50　✓犯罪予防➡P.210

2章

同一性と本質

BEGINNING 2

「同じ」という概念は本当にみんな同じ？

▼言葉や感覚を疑う

この章では、ものの同一性や言葉、感覚の問題などを取り上げています。「同じ」とひと口に言っても、なにをもって同じとしているかはさまざまです。

たとえば、あなたが「猫」を飼っているとします。もしその猫と同じ種類で、同じ模様の猫がいたとしても、それはあなたの愛猫とは違う猫だと、ほとんどの人が判断するでしょう。

では、あなたが母親に「前に買ったものと同じ猫缶を買ってきて」と言った場合はどうでしょう。「前に買った猫缶」は、すでに食べられているため、当然、存在しません。

しかし、あなたの母親は「前に買った猫缶」と同じ店で、同じ種類のものを、同じ値段で買ったのです。そしてそれを「前のものと同じ猫缶よ」と言って、あなたに渡します。そのことに誰も疑問を感じないはずです。「その猫缶は前のものとは違う猫缶だ」と言う人がいたら、偏屈《へんくつ》な人だと感じるかもしれません。ただ、よく考えてみると、その人の言うことも間違ってはいないのです。

問題は「同じ」という言葉でなにを指しているのか、という違いです。

この章の思考実験は、抽象《ちゅうしょう》的でとっつきにくいところがあるかもしれません。しかし、それだけに疑問がどんどん頭の中をかけめぐることでしょう。それが思考の醍醐味《だいごみ》なのです。

13

EXPERIMENT

テセウスの船

構成要素が変わっても元のものと「同じ」といえるのか

新しいパーツに取り替えていない部分はありますか?
ハイッ
残念ながら建造当時のパーツは1つも残っていません
なんですと!?
それでは、これはもはやテセウスの船とはまったく違う船ではないですか!?
……おかしなことをおっしゃいますね
?
それでは、建造当時のパーツからネジ1本でも変わってしまったら、それはもうテセウスの船ではないのですか?
1/3までならセーフ? 半分は? 最後のパーツを取り替えたら、その瞬間に今までの船とは違うものに?
仮に私が顔のパーツを取り替えて超絶イケメンになっても私は私です
あなたの顔に傷やシミシワができてもあなたはあなたです
ネ?
うーん釈然《しゃくぜん》としない……

「同じ」であるとは？

修復されても同じ「テセウスの船」

最初に取り上げるのは、ギリシア神話の英雄、テセウスが乗っていたという船の話です。テセウスはアテネの王の子で、クレタ島のミノタウロスを退治したことでも知られています。

この思考実験では、彼の冒険に使われた船が博物館に保管され、必要に応じて修復が加えられているようです。これまでに何度も修復されているため、当時使われていたパーツは、1つも残されていません。それでもこの船は、テセウスが乗っていたのと「同じ船」だといってよいのでしょうか。「同じ」の意味を考えさせられる例です。

変わっているけど、同じもの

似たような例はほかにもあります。

たとえば、伊勢神宮は20年に一度の式年遷宮《しきねんせんぐう》の際に、神殿が改築、修理されます。それであっても、式年遷宮の前と後、どちらも同じ伊勢神宮だと考える人が多いでしょう。しかし、「伊勢神宮の〝神殿〟は、何千年もずっと同じものである」といったら、違和感を覚えます。

「ゆく河《かわ》の流れは絶えずして、しかも、もとの水にあらず」とは『方丈記《ほうじょうき》』の有名な一節です。確かに、川の構成要素である「水」は常に入れ替わっています。しかし、それでも昨日の川と今日の川は、「同じ川」だと、誰もが認識しています。

それどころか沿岸の様子から川の形まで、何十年、何百年と時を経て、地形がまったく違うものに変化してしまっても、同じ「○○川」だと、ほとんどの人が信じて疑わないでしょう。

それでは、いったい「同じ」とはどういうことなのでしょう。どこまで変わったら「同じ」ではなくなるのでしょうか。

別人のような同じ人

次に、「人」を例にとって考えてみましょう。

そもそも人間の体は、数カ月もすると大半の細胞は入れ替わるといわれています。何年か経つと、体格も変わり、記憶や考え方も変わってくるでしょう。数年ぶりに同窓会で会ったら、「まるで別人のよう」になった友人もいます。しかし、「別人のよう」といっているこ と自体が、その友人を、かつての友人と「同じ人間」だと認識している証拠でもあります。それを疑う人はまずいないでしょう。

ましてや自分のこととなれば、何十年経とうと、どんなに変わろうと、自分は自分、同じ自分であることに疑いを持つ人はいないでしょう。苗字が変わった、美容整形をした、といった場合も自分は自分です。

また、あるアイドルグループのメンバーが、卒業と新規加入を繰り返し、初期メンバーがいなくなってしまったら、それは同じアイドルグループといえるでしょうか。「同じ」という人も、「違う」という人もいそうです。元はコーラスが得意なグループだったのに、いつの間にかダンスユニットに変わっていたら、初期からのファンは「違うグループになってしまった」と嘆《なげ》く人が多そうです。

時と場合により「同じ」は違う

こうして考えてみると「テセウスの船」は同じものであると思えてきます。しかし、なにをもって同じというかは、時と場合により、あるいはなにを重視しているかにより変わるものなのです。

たとえば、工業化された社会においては、同じ製品が大量に生産されています。しかし、幼いころから大事に持っていた人形は、たとえ同じ種類の製品があったとしても、持ち主にとっては「同じ」とはみなされないでしょう。長い間ともに過ごしてきたことにより、汚れや思い出が染みついたその人形は、この世に2つとない、かけがえのないものなのです。しかし、その人形を見て「同じ人形を持っていた」という友人が現れても、別に違和感はないはずです。

手作りだから2つと「同じものはない」ことをウリにしている、「○○工房」の茶碗を自慢している友人がいたとします。それが気に入ったので、自分も「○○工房」で茶碗を買い、微妙に違う2つの茶碗を並べて「同じだね」といっても、変な感じはしないでしょう。

「僕は毎日同じ電車で通勤している」という人もいます。実際には、運転手も、車両も、乗客も、昨日と今日とでは同じでないはずです。それなのに、「同じ電車」ということに、異議を唱える人はいません。

さて、修復されてきたテセウスの船についての答えは、あなたがなにを重視したかで変わるはずです。形なのか、部品なのか、名称なのか……。

それとは別の基準もあるということを認識したうえで、次の問題に取り組んでみましょう。

形や性質が違っていても同じ

人やものを構成する要素が入れ替わったとしても、その本質は変わらないだろうか。それとも変わってしまうのだろうか。

船

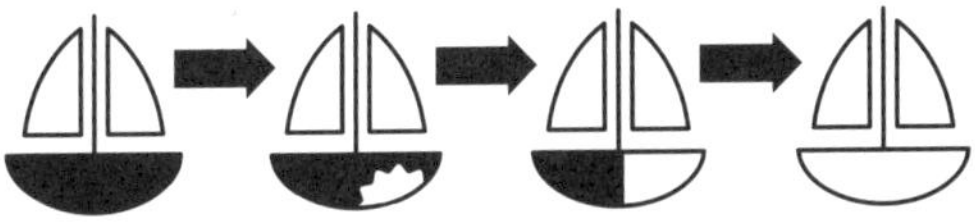

人

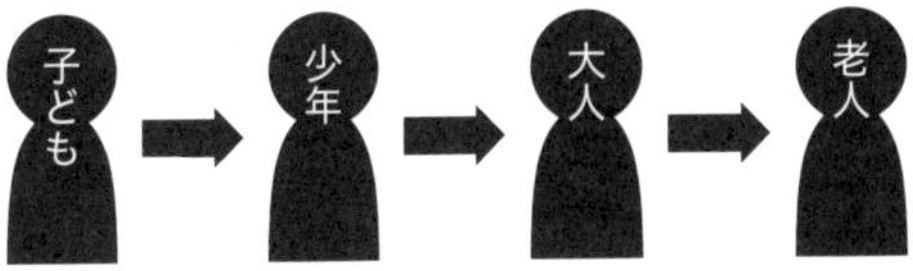

グループ

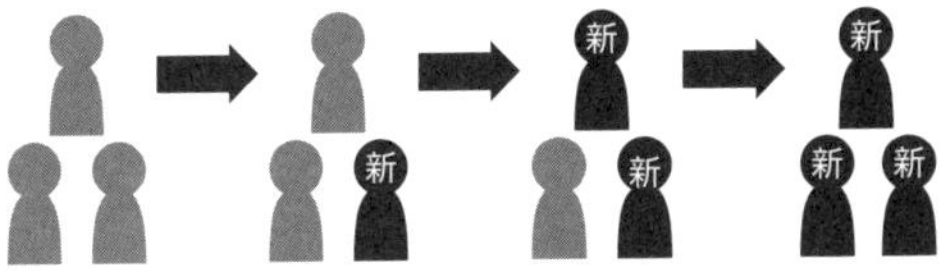

「同じ」の基準

「本物」であるための要素を分解していくと、自分が人やものに接するときに重要視しているものがわかる。

例）船

形　パーツ　名称　知名度　色　大きさ　歴史

“同じ”の基準を探ることで重視するものが見えてくる!?

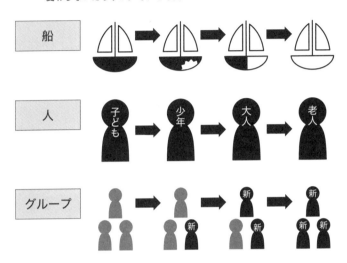

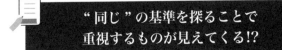

テセウスの船【もう1つの船編】

修復された船と古いパーツの船
どちらがオリジナルだろうか

本物と偽物の違いは？

2つの船はどちらが本物？

前項で紹介した「テセウスの船」が、より複雑な状況になってきました。神話の時代から、大事に保管され、必要に応じて修復されてきた現在のテセウスの船には、オリジナルのパーツはもはや使われていません。そこに、古いパーツで作られた新しい「テセウスの船」が登場しました。さて、どちらが本物で、どちらが偽物なのでしょうか。

本物とするための要素

これには、さまざまな考え方があると思います。やはり、古いパーツで新しく作られたほうが「本物」だという意見もあるでしょう。しかし、偽物とされたほうも、時に応じて修復が加えられただけで、もとはすべて古いパーツでできた本物のテセウスの船だったわけです。もし、これが偽物だとすれば、いったいいつからこの船は、偽物に変わったのでしょうか。

最初に修復が加えられたとき、すなわち、1つでもパーツが新しくなったら、もうそれは偽物でしょうか。それとも半分入れ替わったときでしょうか。最後のパーツが交換されたとき？　まさかずっと本物だった船は「古いパーツの船」が組み立てられた瞬間に偽物になったのでしょうか。

また、今回はすべてのパーツが交換されてから、古いパーツで新しいテセウスの船がつくられましたが、もし、元からある船のほうに1割ほど古いパーツが残っていたら、どうなるのでしょうか。古いパーツを使った船も、1割は新しいパーツを使用しなければなりません。それが8割だったらどうでしょう。もし、5割ずつだったら、どちらが本物かの判別は非常に難しくなるでしょう。

同じ性能を持つほうが本物？

連続性という観点から見れば修復を加えられてきたほうが、テセウスが実際に乗っていたものに近いのだから本物だ、という人もいるでしょう。また、古いパーツでつくられた船は耐久性が低く、もう実際に運航することはできないが、修復されてきた船は当時とまったく同じ性能が期待できる場合、当時と同じ性能を持つほうが本物だ、とも考えられます。

一方で、神話時代のパーツを研究している人にとっては、歴史的資料としての価値を持つ古いパーツの船こそが本物だと考えるでしょう。

結局、この思考実験のどちらが本物なのか、という問題も、前項同様、見る人の主観や、その船に関わる目的により答えは大きく変わってくるのです。

たとえば、先述で例に出した、5人組アイドルグループ。順次卒業してメンバーが入れ替わり、初期メンバーがいなくなってから、今度は初期のメンバー5人でもう一度新たにグループが結成されたら……、どっちが本物のアイドルグループなのか、意見が分かれることでしょう。その理由は、ファン個人が持つ、そのグループに求めるものの違いにあります。言葉や名前なのか、形態やコンセプトなのか、それがなにを本物ととらえるのかの判断材料になるのです。

もののの真偽は見方で変わる

見る人の目的に沿った内容のものを「本物」と判断するため、
ものの真偽は時と場合によって異なることがある。

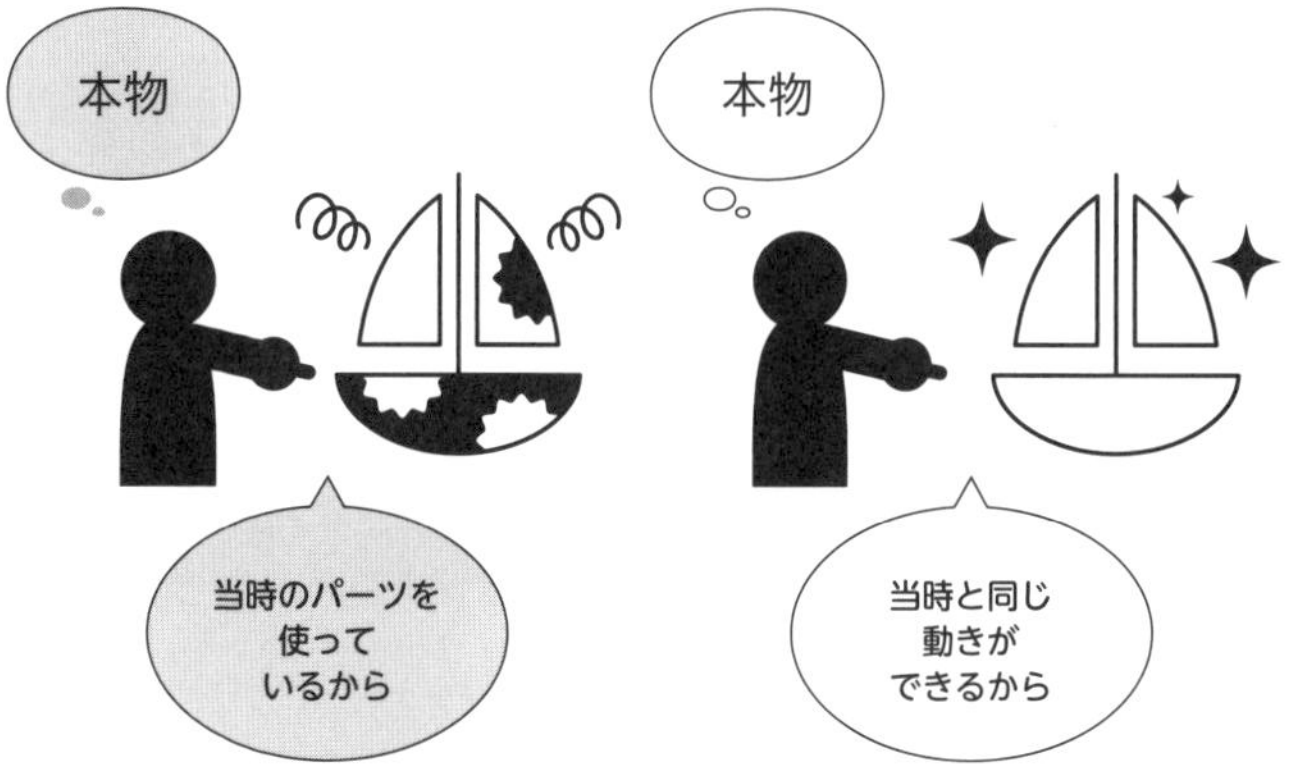

テセウスの視点で見てみる

持ち主であるテセウスが乗っている限りは、どれだけパーツを
入れ替えても“テセウスの船”だが……。

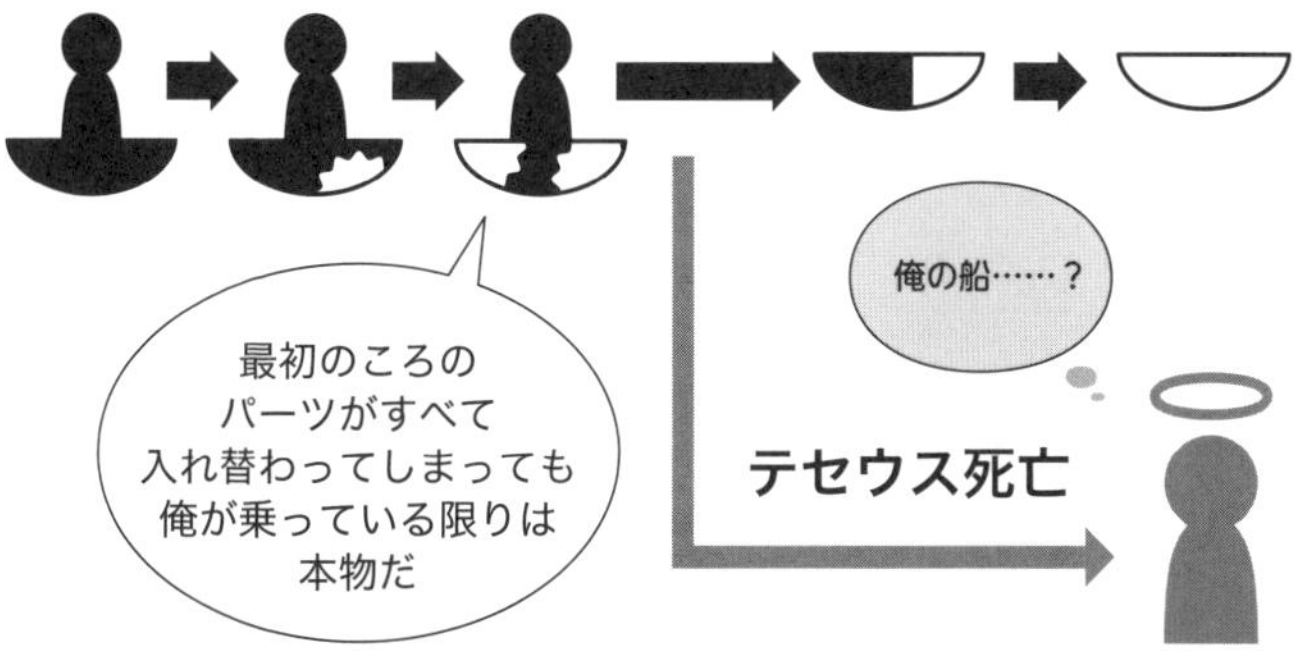

“オリジナル”に対する
とらえ方が見えてくる!?

15

EXPERIMENT

スワンプマン

同じ姿、記憶、人格を持つ者は同一人物といえるのか

ピカッ
ドーーン
ギャアアアアアアア!
ドボーン
ピカッ
シーン…
ザバッ
フー
死んだかと思った
男自身は気づいていないが
雷に打たれた男は沼に沈んで死んだ
しかし、直後の落雷によって
沼の泥が特殊な化学変化を起こし
沈んだ男とそっくりな存在
「スワンプマン」が誕生したのだ

ただいま〜
パパどろだらけー
はい
タオル
スワンプマンは姿形だけでなく
細胞レベルで沼に沈んだ男と
同じ肉体を持っている
さらに死ぬ直前までの男の記憶もあり
知識、性格ともに沈んだ男と変わらない
フー
スワンプマンは
生前の男の家で
同じように過ごす
果たして、スワンプマンは
死んだ男とは別人なのだろうか
なんで
ついてきたの?
ぐー

同一性と固有性

森で生まれた「スワンプマン」

「世にも奇妙な物語」が今回の思考実験の題材です。

かつて大森林地帯に覆われていたヨーロッパを中心とした欧米社会において、深淵《しんえん》な森は畏怖《いふ》の対象であり、神秘的な場所でもありました。それゆえ、欧米には『赤ずきん』や『白雪姫』『眠れる森の美女』など森を舞台にした寓話《ぐうわ》が多いのです。多くの生きものを育んできた水辺では、世にも奇妙な出来事が起こっても不思議ではないのかもしれません。

森の沼地で雷に打たれて死んだ1人の男。それとほぼ同時に生まれたスワンプマン（沼男）は、男とまったく同じ顔や体格を持ち、性格や記憶すら男と同じものを持っています。さて、このスワンプマンは、元の男と同一人物といえるでしょうか。

スワンプマンは同一人物とはいえない⁉

このマンガでは、スワンプマンは元の男と同じ姿で、これまで通りの生活をしています。まわりの人も、いやそれどころか本人すらも、元の男が雷に打たれて死んだことに気づいていません。記憶や人格すら一緒なのですから、同一人物と判断してもよさそうです。

しかし、やはり腑に落ちませんね。スワンプマンは沼の泥からたった今、生まれたばかりなのですから。妻子のいる男性と「同一人物」と言い切るのには、やはり抵抗があります。

たとえば、沼地で死んだはずの男が生き返り、家族のもとへ戻ったら……。生き返りはしなくても、沼底から遺体が発見されたら……。スワンプマンは偽物ではないかと疑いをかけられるでしょう。少なくとも同一人物という主張は、成り立たなくなります。

アンドロイドとの同一性を考える

将来、科学技術がもっと進んで、自分そっくりのアンドロイドが開発され、性格や記憶などもそっくりにコピーできるようになるかもしれません。しかし、それは同一人物といえるのでしょうか。見た目や人格、記憶が一緒なら同一人物とみなされる、とすれば、元の人物とアンドロイドは同一ということになります。しかし、この世に同時に2つ存在しているものを、「同一」と判断するのには違和感を覚えます。

また、もしも、このようなアンドロイドを作る技術ができ、死の直前まで、記憶や考え方を同期してバックアップするようにコピーできるとしたら、そして、自分の死と同時に、そのアンドロイドが稼働し出すとしたら、あなたは安心して死を迎えられるでしょうか。残された家族に対する安心といったものではなく、自分の心の問題として考えてください。

他人から見れば、死んだ人間が生き返るのと変わりませんし、本人も、自分が継続するのですからなんの不安も後悔もなく、死を迎えることができそうな気もします。しかし実際には、それでも「死にたくない」と考える人が多いのではないでしょうか。

たとえ自分そっくりの容姿、人格、記憶を持っていたとしても、やはりそれは同一人物とはいえない、と人は感じます。だからこそ、自分そっくりのアンドロイドが生き続けるとしても、「死にたくない」という感情が生まれるのかもしれません。

この観点からすれば、やはりスワンプマンと元の男とは別人ということになります。

スワンプマンの作者が語る人間の存在価値

この「スワンプマン」の物語を考えたのは、アメリカの哲学者であるドナルド・デイヴィッドソンです。そして、デイヴィッドソン自身も、元の男とスワンプマンは同一人物とはいえないと語っています。

たとえば、男の子どもが「去年の家族旅行は楽しかったね」と言ったとき、スワンプマンは持っている記憶と人格から、元の男と同じように「そうだね。楽しかったね」と話をするでしょう。しかし、実際のスワンプマンは、沼から生まれたばかり。家族旅行などした経験はないのです。家族旅行の記憶はあれど、実際に家族旅行をした経験はありません。これが、スワンプマンが元の男と同一人物とはいえない理由だとデイヴィッドソンは語ったのです。

「テセウスの船」のところで、子どものころから大事に扱い、一緒に育ってきた人形は2つとなく、同じ型の人形であっても「同一」とは見なされないという話をしました。どこか似ています。

まして人の場合、実際に経験しているのと、記憶として知っているのとでは大きく違う、というのがデイヴィッドソンの主張です。科学技術が進めば、同じ記憶と、同じ人格を持つアンドロイドを開発することはできるかもしれませんが、同じ経験を持つことはできません。まったく同じ経験をしてきたのは、この世に自分、ただ1人だけです。その経験こそが個々人の固有性を生みだすのです。

経験を持たないスワンプマン

死んだ男の“今”から発生したスワンプマンは、死んだ男と同等の“経験”を持たないため、別人となるのだろうか。

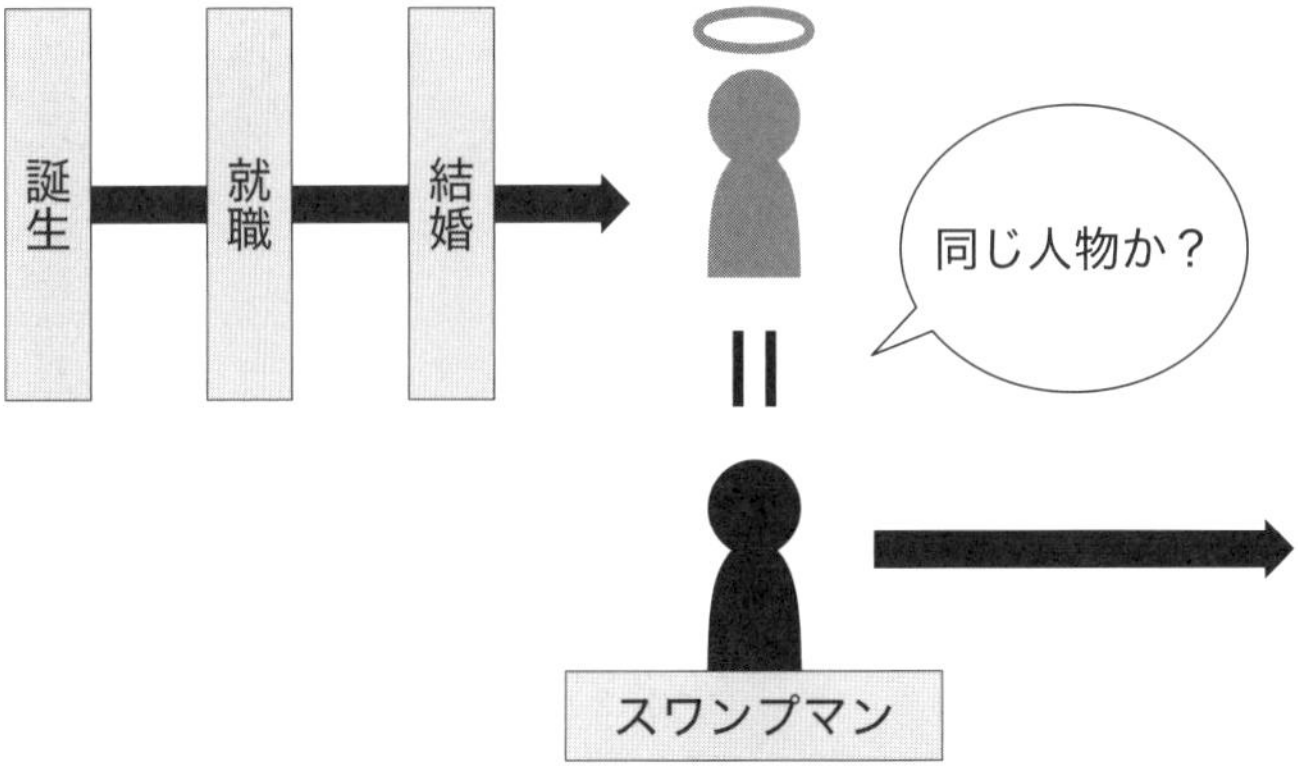

経験が固有性を生み出す

記憶や知識を持っていても、経験がなければ、そこに「自分」としての固有性はないのではないか。

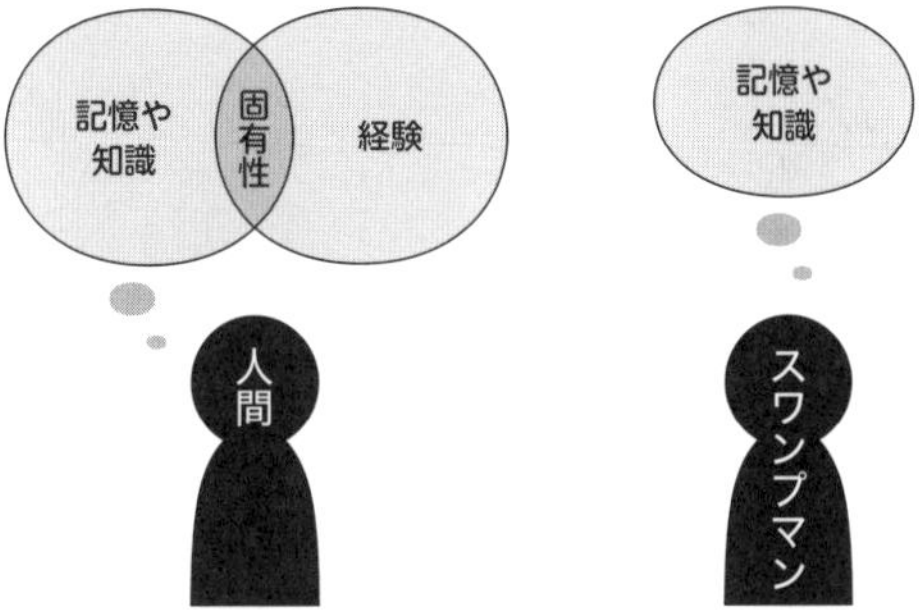

あなたの経験に対する価値観が見えてくる!?

16

EXPERIMENT

洞《どう》窟《くつ》の比《ひ》喩《ゆ》

この世はすべて幻想で
真実の世界が存在したら…

さあ、世界の本当の姿を見るんだ！
わーー！
まぶしい……
にゃ〜
くぅ〜ん
なんて美しい世界なんだ！
ここが本当の世界……
にゃ〜
これが本当のネコ！モフモフだ……
バリィ
……
洞窟に帰りたい……
シャー

世界は「洞窟のなか」？

プラトンが語る「洞窟の比喩」

この話は、古代ギリシアを代表する哲学者プラトンが、その著書『国家』のなかで述べていることをもとにして作られました。簡単にその内容を説明します。

ここに登場する人たちは、暗い洞窟《どうくつ》のなかに幼いころから閉じ込められています。したがって、洞窟のなか以外のことを知らず、そんな世界があること自体も知らないと思ってください。また、体の自由もなく洞窟のなかを動き回ることもできません。先ほど、洞窟のなか以外の世界を知らない、と書きましたが、より正確には、目の前の洞窟の壁しか知らない、といったほうがよいかもしれません。

彼らの後ろには背の低い壁があり、その後ろを何人かの人がさまざまなものを頭上に掲げて通り過ぎます。そのさらに後ろに火が燃えているので、人々が頭上に掲げているものの影が、影絵のように彼らが見つめる壁に映し出されています。

彼らにとっては、その影絵が世界のすべてです。彼らにとっては影絵こそが、実体であり、この世を構成するすべてのものと言い換えてもよいでしょう。物音もあまり聞こえず、たまに聞こえる人々の話し声が壁に反響し、影絵の世界から声が聞こえるように彼らには感じられます。

そんな世界に人がいると、まず理解してください。そして、あるとき急に鎖が解かれ、自由にものが見えるようになったら、人はどう行動し、どういう感想を持つでしょうか。

洞窟から外へ出たときの反応

マンガの主人公は、素早く状況を察知し、本当の世界のすばらしさに心を打たれます。しかし、すぐに新しい環境に適応することはできないでしょう。突然広い世界を知って当惑し、まぶしい光から目を背けるのではないでしょうか。解放されたのにもかかわらず、本当の世界を苦痛に感じ、再び洞窟の壁に向かって座り直し、引きこもってしまうかもしれません。

この人たちが本当の世界を知るためには、徐々に目と心をならしていく必要があります。まずは周囲にあるさまざまな物体（影絵の実体）、そしてそれを映し出していた炎を認識します。やがて、洞窟の外へ出ると、広い世界を知るとともに、それらを照らしている太陽の存在を知ることになるでしょう。

プラトンとイデアの世界

さて、この話を通して、プラトンが伝えたかったことはなんでしょうか。実は、私たち一般人が見ているこの世界は、影絵のようなものであり、実体ではない……、つまり、私たちが見ているのは真実の世界ではないと、プラトンは語っているのです。

真実の世界たる「イデア」の世界が別にあるが、多くの人はそのことに気づかず、影絵を見て引きこもり続けています。そしてイデアの世界を知るには、哲学的な教育が必要で、その過程を経て人は完全なる哲学者となりうるのです。

プラトンの思想やイデアの世界について、詳しく述べることはやめておきます。ここでは、私たちが認識している世界が、本当に真実の世界ではないのだろうか、という指摘に注目していきましょう。

真実の世界とは？

私たちが日ごろ見聞きしているこの世界が、実は真実の世界ではないなんてことが、本当にありえるのでしょうか。おそらく多くの人がこの世界こそ、真実の世界だと信じて疑っていないはずです。

そもそも、真実の世界とはなんでしょうか。確かに人の知覚は、ある意味いい加減で主観的なものです。同じ景色を見ていても、知識や経験の違いから、まったく違う景色に見えることはよくあることです。ある人には落書きに見える絵が、ある人にとっては傑作の絵画に見えることもあります。豊かな生活しか知らない人が残飯を見てもなにも思わないでしょうが、貧しい生活を知っている人にとっては心を痛めるかもしれません。

そう考えると、私たちが見ている世界は実際の世界と少し違っているのかもしれません。私たちが生きているこの世界が、実際の世界ではなく、洞窟の影絵のような幻想的な社会である可能性も否定できないのです。それでは、もし仮にこの世が真実の世界ではなかったとすると、それを知らずに生きている私たちは、不幸な存在なのでしょうか。

真実の世界を知っている人からすれば、私たちは無知で不幸な存在なのかもしれません。しかし、真実の世界を知らないで生きている分には、現在の自分たちを不幸だとは感じないでしょう。

自分の見ている世界は真実の姿ではない

自分の知ることのできる世界は、誰かが見せる偽りの実態をさらに影絵に映した状態であり、真実の世界とはほど遠い。

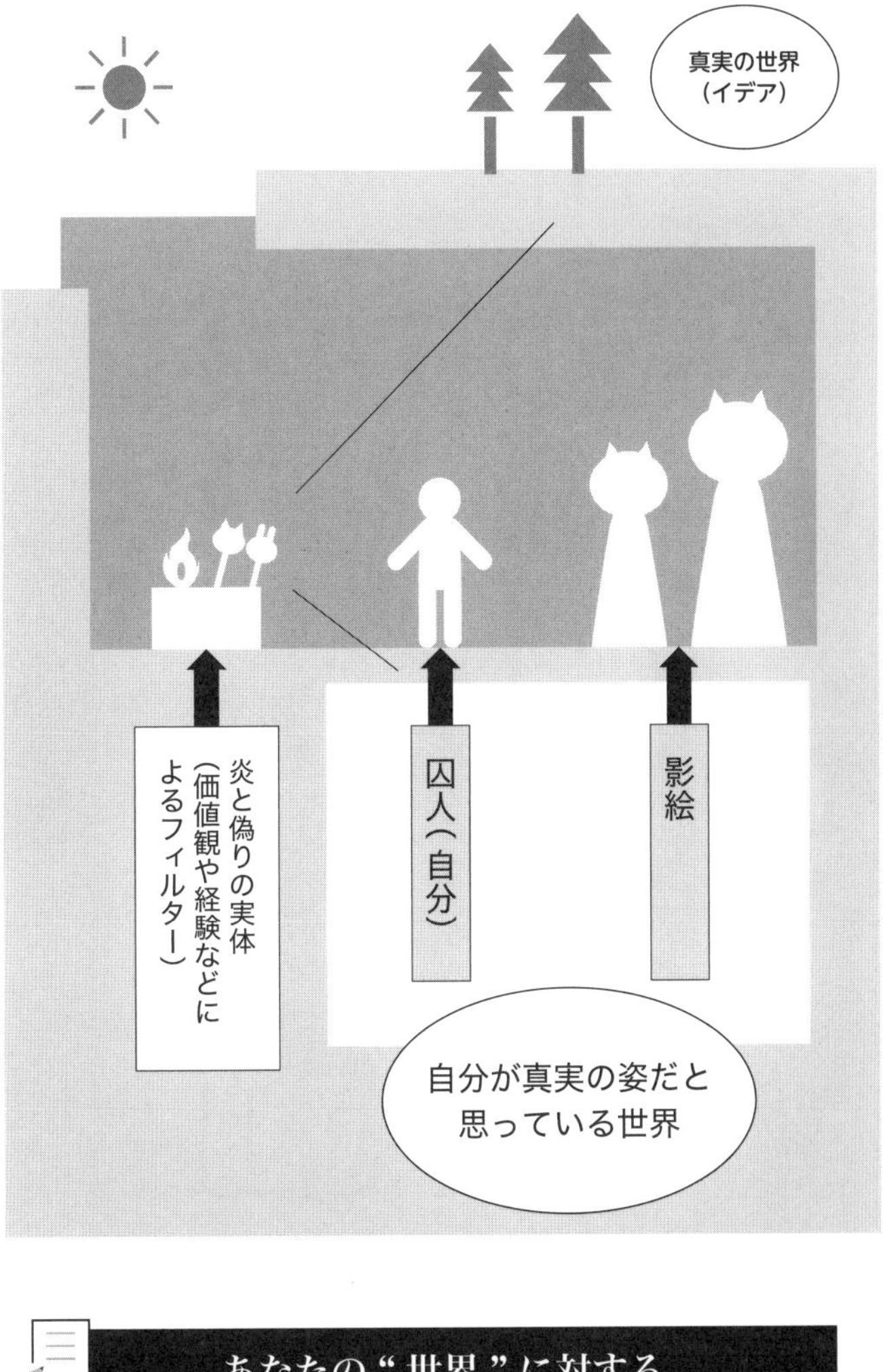

あなたの“世界”に対する
考え方が見えてくる!?

17

EXPERIMENT

ポール・ワイスのひよこ

液体となったひよこが
失ってしまったものとは

形か？ 命か？ 組織か？

違う視点から見るひよこ

とても残酷な博士が、あなたに語りかけます。「この実験によって、なにが失われたのでしょうか」

単純に考えれば「ひよこの命」というのが最もありそうな答えです。そのほかに「ひよこのかわいらしさ」「（商品としての）ひよこの未来」「ひよこのかたち」「ひよこの形」「ひよこの価値」などの意見もあるでしょう。

この思考実験を考えたのは、オーストリア出身で、のちにアメリカに移住したポール・ワイスという生物学者です。

少し違う観点から、考えてみましょう。マンガの博士は、液体になったひよこを「ひよこ」と表現していますが、実際にこの液体を見て「ひよこ」だと思う人はいないでしょう。しかし、ミキサーにかける前は間違いなく「ひよこ」だったわけですし、この思考実験では、ミキサーで物質を均一化しただけなので液体となってもその成分は同じです。それなのになぜ、私たちは液体のひよこを「ひよこ」だとは認識しないのでしょうか。

なにがあれば、私たちはそれを「ひよこ」だと認識するのでしょう。その答えが、「この実験で失われたもの」なのかもしれません。

「ひよこ」とみなされるために必要なもの

まず、「ひよこの形」という答えが浮かびますが、液体の成分を固めるなどして、元のひよこの形を復元したら、それを私たちは「ひよこ」というでしょうか。まったく同じ成分でも、それはひよこの形をしたフィギュアとしか受け止められないのではないでしょうか。ひよこを液体にせず、羽根をむしったり、足をもいだりした場合、形は元のものとは相当変わりますが、私たちはそれを「ひよこ」だと認識するでしょう。どうやら、「形」が条件とはいえなさそうです。

それならば、「命」でしょうか。確かに命あるものであれば、私たちはそれを「ひよこ」と認識するでしょう。しかし、動かなくなったひよこを指でつつき「このひよこ死んでる！」といいます。「死んだひよこ」という表現に違和感がないことからも、生命がないから「ひよこ」ではない、と決めつけてはいけないのかもしれません。

ワイスは、「ひよこの生物学的組織が失われた」と指摘しました。粉砕された液体のひよこは、物質的には同じでも、有機的に意味のあるつながり（組織）を持っていません。それゆえ歩くことも、鳴くことも、ものを見ることも、成長することもできない、つまり生物学的組織が失われたために、これら生物学的な機能も失ってしまったというのです。

ワイスのいう生物学的組織や機能というのも一理ありそうです。死んだばかりのひよこはまだ組織や機能がある（ように見える）から「ひよこ」と呼べるのかもしれません。もっとも考案者の答えが必ずしも正解ではありません。あなたは、ミキサーによって失われたものはなんだと答えますか。

ひよこから失われたもの

ひよこがミキサーにかけられることで、物質的な要素以外で失われたものはいったいなんだろうか。

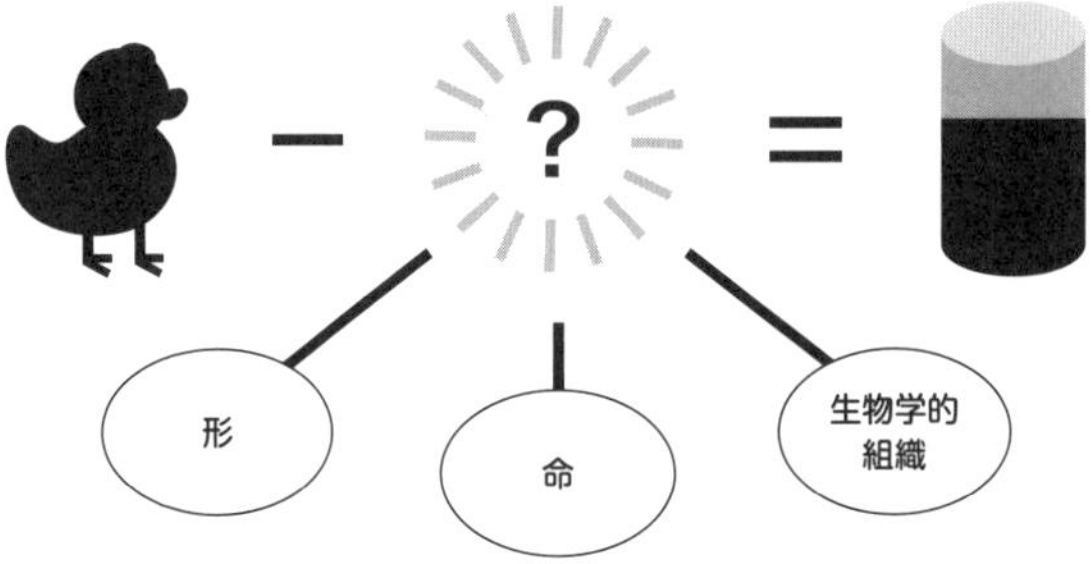

ひよこ以外で考えてみる

姿形が変わってしまったものを、どこまで元と同じものといえるのだろうか。

例）トマト

例）人間の体

物体を成り立たせているものは
なにかが見えてくる!?

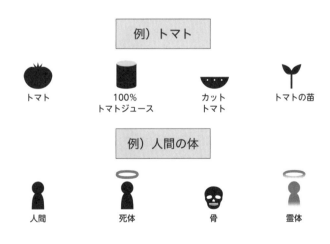

18

EXPERIMENT

箱のなかのカブトムシ

他人とのコミュニケーションは
どこまで可能なのか

見えない箱のなか

「箱」と「カブトムシ」の意味するもの

それぞれが箱を抱え、箱の中身は「カブトムシ」だと言っている人たち。この状況だけを見れば、コミュニケーションが成り立っているように映ります。似たような会話は、私たちの日常にもありふれていることでしょう。

しかし、ラッパーが想像したように、もしほかの人の箱の中身が見えたときに実は箱の中身がみんなバラバラだったとしたら……。正しいコミュニケーションがとれていなかったこと、全員が同じカブトムシを持っているという共通認識が誤りだったことが明らかになってしまいます。この奇妙な思考実験は、いったいなにを示しているのでしょうか。

コミュニケーションの難しさ

この思考実験の意味するところの1つとして、言葉によるコミュニケーションには限界があるということが挙げられます。会話する2人が「箱のなかにはカブトムシが入っている」と言いながら、片方、もしくは両方の箱に異なるものが入っていたら、コミュニケーションは成立しているとは言い難いでしょう。

私たちは普段、コミュニケーションを成立させるために、「カブトムシ」という言葉がなにを示すのかという共通認識、別の言い方をすれば「カブトムシ」という言葉の「定義」を共有しています。

しかし、カブトムシという言葉1つをとっても、定義するのは簡単ではありません。オスとメスとでは形が違います。ましてや幼虫やさなぎ、種類まで含めると、形態はかなり違ってきます。そこで、私たちは、定義を詳細なものにしたり、身ぶり手ぶりや図表を用いたりして、コミュニケーションを円滑にしようとしているのです。

のぞけない箱は心のたとえ

この思考実験は、オーストリアの哲学者ルードヴィッヒ・ヴィトゲンシュタインが考えたものがもとになっています。彼は、この思考実験を「痛み」に関する著述のなかで紹介しています。

「箱のなか」はそれぞれの人の「心の中身」を表しています。人の心のなかは見えません。2人の人がともに「痛い」といっても、どちらのほうがより痛いのか、本当に痛いのか、どのくらい痛いのか、他人にはわかりません。心の内面に関しては、他人の心をのぞくことができない限り、どんなにコミュニケーションを図っても、正確にわかり合うことはできないでしょう。「箱のなかのカブトムシ」は、心のなかまでは知りうることができない私たちのコミュニケーションの難しさ、あるいは虚《むな》しさを伝える比喩《ひゆ》なのです。とはいえ、私たちは互いの心の内を伝えることをあきらめはしないでしょう。言葉だけではなく表情やジェスチャーで伝えようとしたり、なにか比喩を用いたり、数値などで心の内面の出来事を定義したりといったことを繰り返していきます。しかし、それでも完全に他人の「箱のなか」を理解し合うことは困難です。

互いに見つめ合い、愛を語る恋人たち。しかし、それぞれの口から出る「好き」という言葉の意味合いは、実は違ったものであるのかもしれません。

人は自分の経験から他人を判断する

私たちは、自分の経験や知識から得た「自分の感覚」をもとに、他人の心のなかや感覚を推測することしかできない。

同じ「好き」でも強弱が異なる

同じ言葉を使うことで、自分と相手が同じ感覚を共有していると信じ込んでしまう。

コミュニケーションの難しさに気づかされる

19

EXPERIMENT

哲学的ゾンビ

自分以外の人に心があることを証明できるのか

ある日、俺は頭を打って人の心が読めるようになった
そんなバナナ
そして失恋した
真実は残酷だ
この人タイプじゃないなぁ
おはよ♡
ガーン
しかし、この能力のおかげで俺はこの街にいる大半が「哲学的ゾンビ」だと知った
ヤツらは人間と同じ見た目で同じようにふるまっている
感情があるように見えるけれど本当はなにも感じていない
無
無
心がなく機械的にそうふるまっているだけ
まぁ、俺みたいに人の心が読めない限り永遠に気がつかないけれどな
?

ゾンビは本当にいないのか？

もし「哲学的ゾンビ」がこの世にいたら

マンガの主人公は、とてもショッキングな事実に気がつきました。自分の住んでいる街の半分の人々は、「哲学的ゾンビ」だったのです。「哲学的ゾンビ」とは、見た目はもちろん、解剖しても普通の人間と同じなのですが、感情や心といったものがない存在です。

あなたは、「そんな馬鹿げたことがあるものか」と思うかもしれません。しかし、考えてみてください。私たちは、マンガの主人公のように他人の心が読めないのですから、他人に心や感情があるのかを確かめるすべはないはずです。

たとえば、哲学的ゾンビと一緒においしいスイーツを食べにいったとしましょう。スイーツを食べたゾンビは、満面の笑みをたたえながら「おいしい！」と言うのです。あなたが「もう1つ食べる？」と聞くと、少し眉をひそめながら「でも、あんまり食べると太っちゃうからな〜」と答えます。心から発した言葉ではありませんが、人間そっくりにふるまうのです。これでは、あなたの身のまわりにいる人が、実はゾンビだという可能性を否定することはできません。

しかし、逆にいえば、まわりの人の多くがゾンビだったとして、なにか不都合はあるでしょうか。

「哲学的ゾンビ」と人間は区別できるのか

この「哲学的ゾンビ」の話は、オーストラリアの哲学者デビッド・チャーマーズが、その著書『意識する心』で想定したものです。私たちは心や感情のある人間と、それらを持たない哲学的ゾンビとを区別することができません。なぜなら、見た目など物質的な面では、人とゾンビに違いはないからです。そこから、実在する物質を根本的なものとしてとらえ、心や意識といったものまでそれによって解釈しようとする「唯物《ゆいぶつ》論《ろん》」の限界を、チャーマーズは指摘したのです。

唯物論の是非はさておき、「哲学的ゾンビ」は、私たちにさまざまなことを考えさせています。

来たるべき社会はゾンビ社会かも

ロボット工学やＡＩ技術の進展は、哲学的ゾンビと似たようなものの登場を示唆しています。見た目が人間そっくりのアンドロイドです。多くの人の行動パターンを学んだＡＩを搭載しているため、人間そっくりに行動します。スイーツを食べれば笑顔で「おいしい」と言い、追加注文を勧めると「太っちゃう」と躊《ちゅう》躇《ちょ》するのです。ＳＦ映画のように地球征服などめざさず、人と同様の暮らしを営みますが、心だけはありません。このアンドロイドのように、哲学的ゾンビと限りなく似ていながら、分解すれば人との違いが明らかになるものを「行動的ゾンビ」といいます。

いつか、少子化による社会秩序の崩壊を防ぐために、このような人間そっくりのアンドロイドが大量生産され、私たちと一緒に生活する日が来ないとも限りません。それどころか、ひょっとするとすでにどこかで、そのようなアンドロイドが極秘裏に暮らしている可能性もあります。けれども私たちはそのことに気づきはしないでしょう。実に恐ろしいことです。

いや、ちょっと待ってください。それって、どこが〝恐ろしい〟ことなのでしょうか。

哲学的ゾンビと行動的ゾンビ

哲学的ゾンビは人間と同じ肉体を持つが、行動的ゾンビは人間とは違うボディを持つ（アンドロイドなど）。

人間
- 感覚や意識を持つ

哲学的ゾンビ
- 感覚や意識を持たない
- 人間のようにふるまう
- 人間と同じ肉体を持つ

行動的ゾンビ
- 感覚や意識を持たない
- 人間のようにふるまう
- 人間と違う体を持つ

行動から感情を受け取る

私たちは相手の心のなかを見ることができないため、相手の仕草や行動から、相手の考えていることを想像する。

**目の前の人はゾンビなのかも！
あなたの考え方が揺さぶられる!?**

20

EXPERIMENT

逆転クオリア

「青くすがすがしい空」の認識は人それぞれで違うだろうか

トマトは本当に赤いのか？

赤が青く、青が赤だとしたら…

　私たちは熟したトマトの実の色を見ると、「赤い」とみなすはずです。しかし、自分が感じているトマトの「赤」と、別の人が見ているトマトの「赤」は、果たして同じなのでしょうか。微妙に違う「赤」に見えているかもしれませんし、ひょっとすると、ある人にはトマトは青い色に見えているのかもしれません。そして、その人は青色のことを「赤い」と表現しているのです。

　トマトだけが青く見えるのなら、おかしなことになりそうですが、その人にとっては、イチゴも、曼珠沙華《まんじゅしゃげ》の花も、血の色も、みんな青く見えるのです。そして、晴れた日の空や海は赤く見えています。それでもその人は、青く見えるものは「赤い」、赤く見えるものは「青い」と表現していますから、話のつじつまは合い、矛盾はありません。まったく違った感じ方をしているのに、私たちは互いに気づかないまま過ごしているのかもしれないのです。

　互いの感覚や心のなかは見えません。箱のなかの甲虫や未確認生命体を、それぞれが「カブトムシ」と表現する（「箱のなかのカブトムシ」）のと似ています。

すべてが逆なら矛盾は表れないのだろうか

「『赤は温かく感じる情熱の色』『青は冷たく感じる色で、見ていると冷静な気分になれる』など、違った感覚で色を表現すれば、その違いに気づくはずだ」という意見もあります。

しかし、赤が青に見える人は、燃え盛る火の色も、太陽も青く見えるのですから、青い色に温かみを感じても、不思議ではないでしょう。逆に水は赤く見えるわけですから、赤い色に涼《すず》しさを感じても矛盾はありません。

完全に逆転していると、正しい規則性が成り立ってしまうため、言葉などでその違いを表すことはできなくなります。それゆえ、私たちは、他人が本当に自分と同じく、赤いものを赤く、青いものを青いと感じているのかを判断できないのです。

すべての感覚が対象になる？

もちろん、それは単に色だけの話ではありません。たとえば、味覚はどうでしょう。甘いものをしょっぱく、しょっぱいものを甘く感じている人がいるかもしれません。「酒に甘い肴《さかな》が合うわけはない」という人もいるかもしれませんが、酒の味だって逆転しているわけですから、矛盾はないはずです。

この思考実験のタイトルにある「クオリア」とは、「感覚質」とも呼ばれる概念です。たとえば、すみわたった空を見て「青くすがすがしい」と思うといった、経験から導かれる「主観的な感覚」のことを意味します。

色や味などに関する主観的な感覚が完全に逆転している場合、それはそれでつじつまが合っていますから、矛盾を指摘することができません。

色彩感覚や味覚、嗅覚《きゅうかく》など、すべての感覚において他人がどう感じているのかを、私たちは正しく把握できないのです。

視覚の認識

2人で同じ“赤いイチゴ”を見ても、2人がまったく同じ“赤”に見えているかどうかはわからない。

味覚の認識

2人が正反対のことを感じていたとしても、言葉も同じく正反対であった場合、そのことに気がつくことはできない。

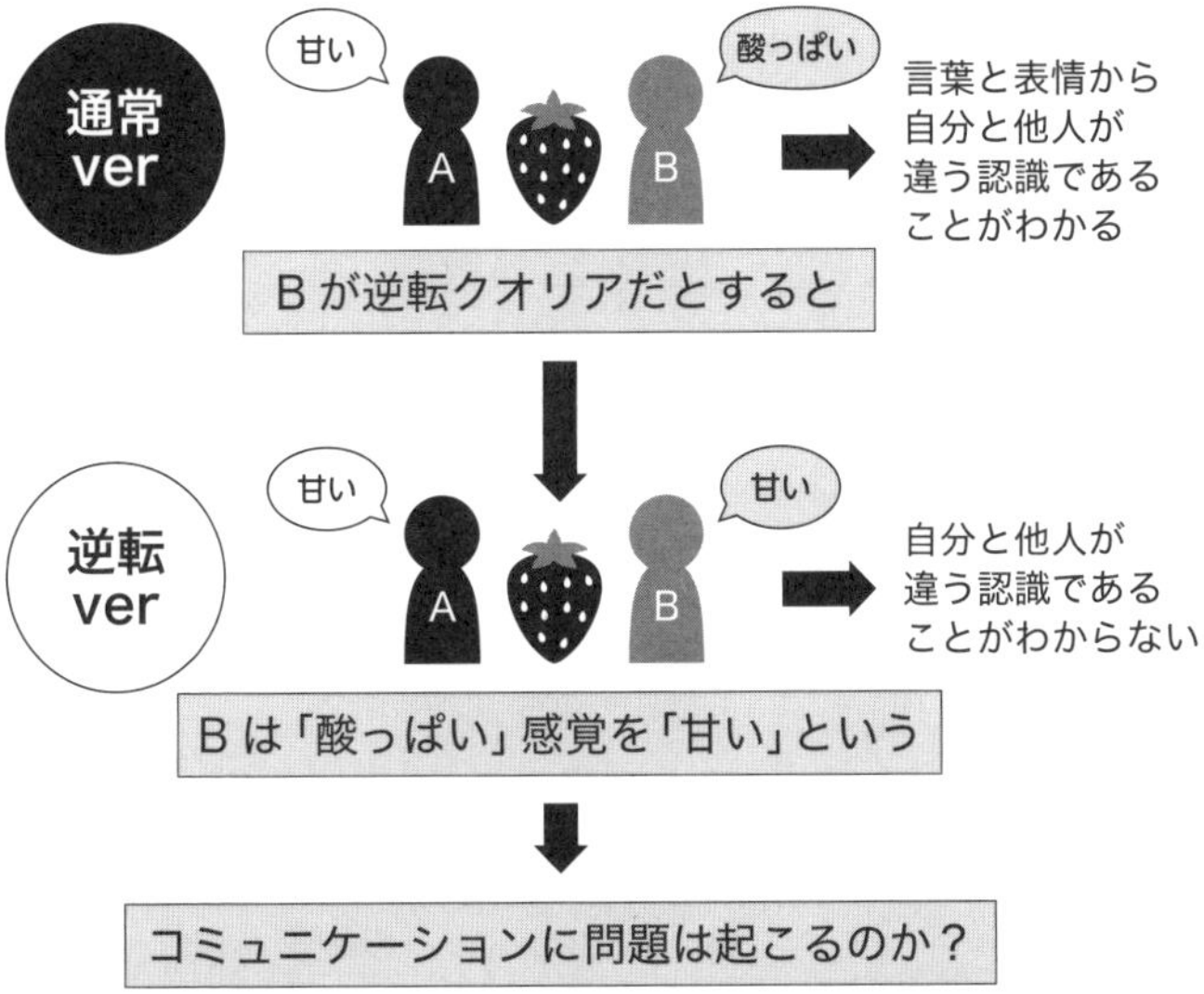

相手と感覚が共有できていない？
あなたの考えが揺さぶられる!?

21

EXPERIMENT

メアリーの部屋

自分が体験したことのない感覚を新しく学ぶことができるか

私の名前はメアリー
「視覚」に関する神経生理学の研究者です
私は育った環境が少し特殊で白と黒の色しかない部屋のなかで育てられました
そして白黒の教材と、白黒テレビを通して外の世界を見て、学びました
だから私はそれ以外の「色」を見たことがありません
BLUE
RED
けれど、青い空や赤いトマトを見たときに脳内で生じるすべての物理情報を理解しており、「青」「赤」の言葉の使い方も知っています
そんな私も年頃の女の子そろそろ外の世界への憧れもあります
ドキドキしちゃう！
「色」のすべてを知り尽くした私が外の世界で「本当の色」を見たら……
いったいどうなっちゃうのかしら！
えええ！ そっちなの!?

物理的研究の限界とは？

色を見たことがない色の専門家が色を見ると…

この物語は、オーストラリアの哲学者フランク・ジャクソンが作った思考実験をもとにしています。

白黒の部屋で生まれ育ったメアリーは、白黒のものしか見たことがありません。「自分の肌や排泄物の色は？」と気になるところはありますが、あくまで思考実験なので細かい所は気にしないようにしましょう。それでも気になるようでしたら、メアリーが白黒にしか見えない特殊な眼鏡をかけている、といった状況を想像してみてください。

さて、科学者として「色」についてすべてを知っているというメアリーは、生まれてはじめて白黒の部屋を出ることになりました。外の世界で「色」というものを見たとき、彼女はなにか新しく学ぶことはあるのでしょうか。あるとしたら、それはいったいなんでしょうか。

メアリーが学べるもの

色に関するすべての物理的、科学的な情報を知っているメアリーが、はじめて色のある世界を見て学ぶことがあるとすれば、それは「それぞれの色がどういうふうに見えるのか」という〝感覚〟でしょう。

どんなものが赤い色をしていて、それを見たときに脳にどんな信号が送られるのかといった、物理的や科学的なことをどんなに学んだとしても、それを実際に見たときの感覚や、それを見たときにどんな感じを受けるのかは、実際に体験したものでなければわかりません。

メアリーが部屋を出て学ぶことができたものは、まさに色に関する主観的感覚、すなわち、クオリアなのです。

クオリアは机上の研究では学べないもの？

しかし、本当にどんなにがんばって研究してもクオリアを学ぶことはできないのでしょうか。

たとえば、たくさんの人にアンケートを取り、赤い色のものを見たときにどんな感じを受けるのかを表現してもらい、それを徹底的に検証していけば、「それぞれの色がどういうふうに見えるのか」について、解析できるかもしれません。

しかし、結論からいえば、やはりそれは難しいでしょう。なぜ、クオリアは学べないのでしょうか。


それは、人によって〝感じ方〟が違うからです。同じ赤い色を見ても、「きれい」と思う人や「派手で嫌」と思う人がいます。単純に、同じ色に対して「好き」という人と「嫌い」という人がいることをとっても、人によって感じ方が違うことがわかります。

それは、脳の電気信号を完璧に分析し、他人と同じ体験をすることができたとしても、同じかもしれません。「箱のなかのカブトムシ」や「逆転クオリア」など、ほかの思考実験でも、私たちは、同じ体験をしても違った感じ方をする（かもしれない）ということを見てきました。それゆえに、他人の感想などをいくら集めても、それはあくまで他人の感覚であり、「自分がどういうふうに感じるか」は、学べないということになります。

クオリアは机上では学べない

他人のクオリアを研究したとしても、クオリアを統一することができず、またそれを自分のクオリアにすることはできない。

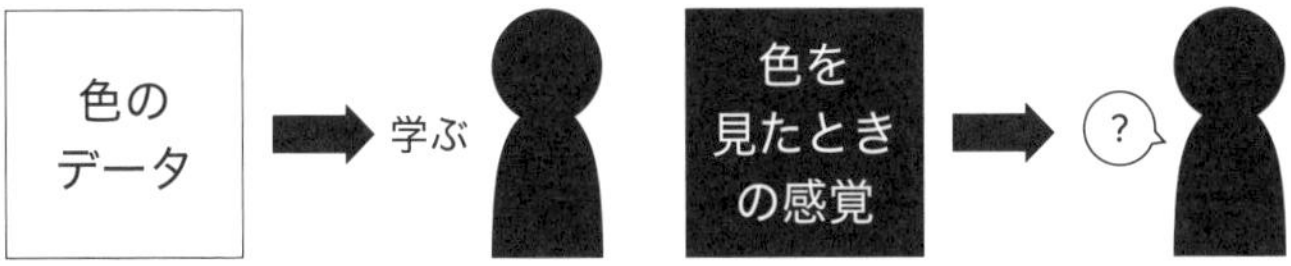

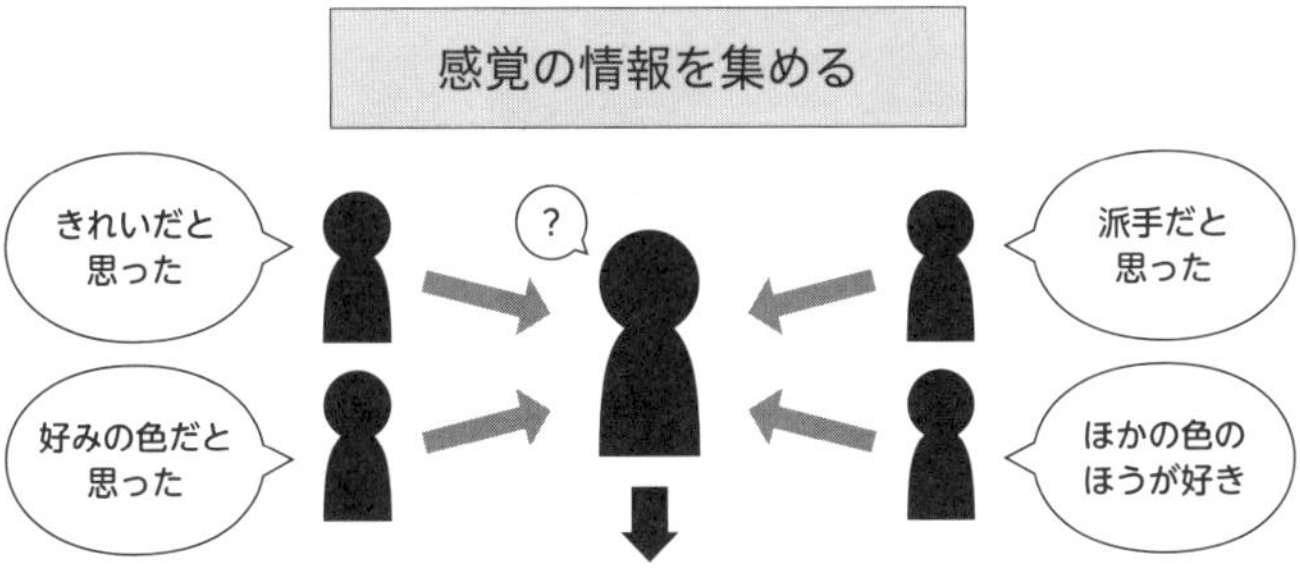

感覚は人それぞれで学べない

クオリアがデータ化できない問題

クオリアをすべてデータ化し、法則性や平均値を見つけたとしても、それらを完全に１つに統合することはできない。

クオリアをデータとして学ぶことができない

↓

他人とクオリアを共有することはできない

↓

同じものを見ても違う感覚を持つ

自分の感覚を信じられるかどうか
あなたのとらえ方が見えてくる!?

22

EXPERIMENT

世界5分前誕生仮説

世界が5分前に誕生したという奇説を否定できるのか

この世はいつできたのか？

違和感はあるが、否定もできない

世界が5分前に作られたと言われたら、あなたはそれを否定することができるでしょうか。「そんなはずはない。5分前はおろか、昨日のことや、1年前、10年前の記憶だって残っている」とあなたは言うかもしれません。しかし、あなたはその記憶を持って5分前に生まれたのかもしれないのです。歴史的建造物や古い書物なども5分前にそういう設定で創造されたものだと言われれば、否定することは難しいでしょう。

記憶や地球上のあらゆる構成物が、以前からそこにあるという設定で作られたのだという話は、荒唐無稽《こうとうむけい》ではありますが、それを否定する根拠が乏しいのも確かです。

奇説を生んだ「オムファロス仮説」

「世界5分前誕生仮説」は、イギリスの哲学者バートランド・ラッセルが考案しましたが、彼にインスピレーションを与えたのは、イギリスの博物学者フィリップ・ヘンリー・ゴスが1850年に説いた「オムファロス仮説（ギリシア語で『へそ』）」です。

当時、人々の間に『旧約聖書』に関する2つの疑問がありました。1つは、聖書では紀元前4000年ごろに神が世界を創造したとされているのに、地質学や天文学の進展により、何億年以上も前から地球上にさまざまなものがあった痕跡《こんせき》が認められるようになったという問題。もう1つは、アダムに「へそ」はあるのか、という問題です。アダムは母から生まれたのでははなく、神が創造したのだから、母体とつながっていた痕跡である「へそ」はないはずだが、アダムは「人の姿をして生まれた」のだから「へそ」はあるはずだ、という矛盾です。

これに対しゴスは、アダムは、母親の胎内から生まれたかのような特徴を持って、神が創造したのだと結論づけました。そして、同様にこの世のすべてのものは、何億年、何十億年もの痕跡を持った形で、神が紀元前4000年ころに創造したのだと説いたのです。

あらゆる記憶も、それ以前の痕跡も含めて、神が創造したのだとすれば、地質学的な研究結果と聖書の記述に矛盾はなくなる、という考え方です。

「過去」の存在意義をどう証明するのか

ラッセルは「オムファロス仮説」に触発され、神があらゆる記憶を含めて世界を創造したのであれば、それが5分前に起きたということだってありえると主張しました。しかし、この仮説を信じる人はいないでしょう。それを否定することができないのと同時に、それを証明するものも、なに1つありません。

結局、私たちは過去の存在を否定することも肯定することもできません。たとえこの世が5分前に生まれたとしても、なに1つ生活に不都合な点が起こらないというのも事実です。それでも躍起《やっき》になってこの仮説を否定する人がいるかもしれません。

この仮説は、いわば過去は積み上げてきたものではなく、作られたものだとしています。現在という「結果」だけでなく、自分の今までの体験や経験などに思い入れがある人にとって、「作られたもの」として片づけるのは少々、虚《むな》しいのかもしれません。

5分前仮説とオムファロス仮説

「オムファロス仮説」は、旧約聖書の記述を正当化するために、
神が世界を作る前の痕跡を残したものを、神が作ったと説いた。

5分前仮説

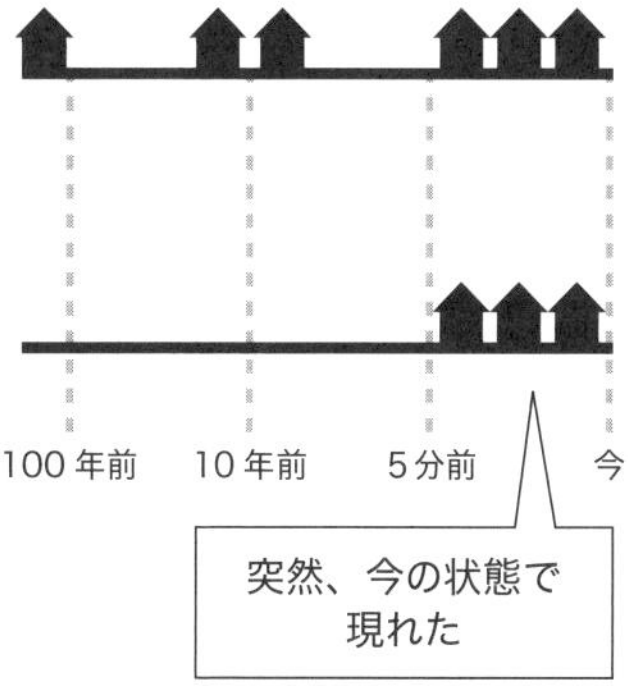

オムファロス仮説

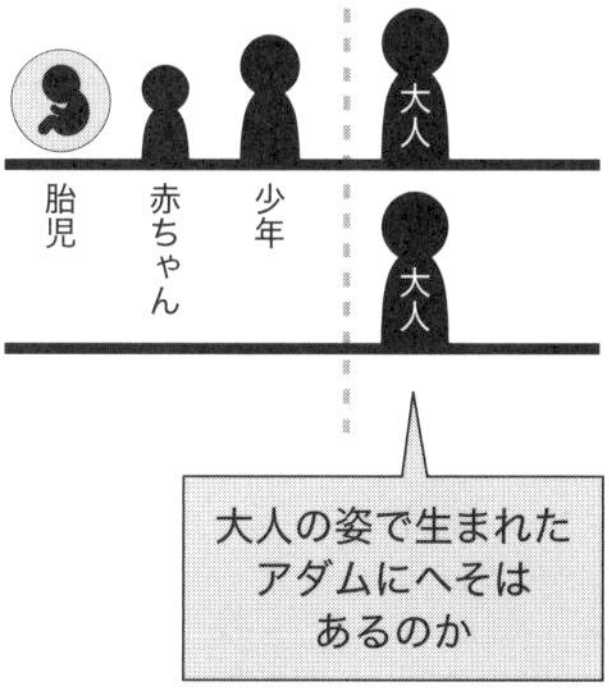

5分前仮説を否定したい理由

“今”が過去からの積み重ねでなく、突然今の形で現れたもので
あるなら、“過去”にあったことはすべて無駄なのだろうか。

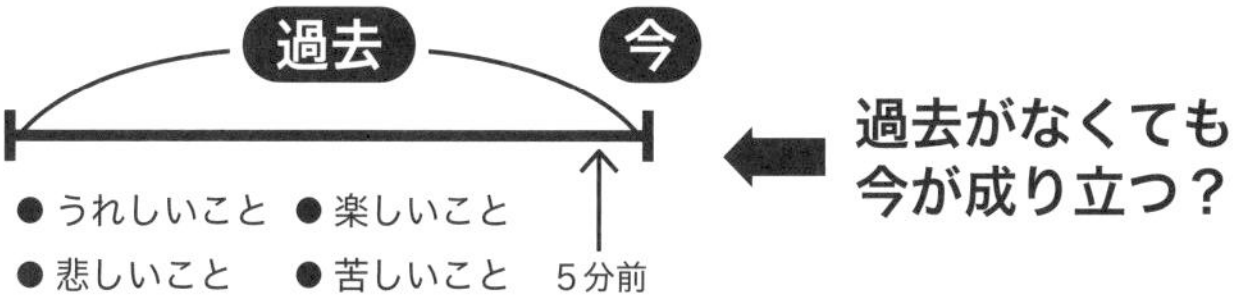

5分前仮説を肯定＝過去の否定？

**あなたの“過去”に対する
思い入れが見えてくる!?**

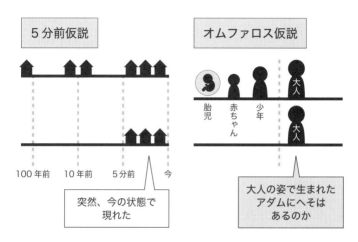

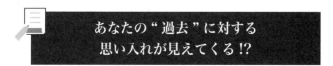

EXPERIMENT

価値の本質

ものや芸術作品の価値はどのようにして決まるか

価値あるものとは？

芸術の価値とはなにか

大物デザイナーと、似た名前の人の作品を選んだことに動揺する審査員たち。彼らはどうやら作品そのものではなく、作者の名声によって良し悪しを判断してしまったようです。その人の過去の作品の評判がよかったから、今度もよい作品に思えてしまう、一種の「ハロー効果」に惑わされてしまったのかもしれません。「ハロー効果」とは、ある1つの評価が別の評価に影響を与えてしまうことを指します。

それでは作者の名声などにとらわれない、真の作品の価値とはなんでしょうか。美しい絵画なら価値が高いのでしょうか。しかし、現代アートのなかには、一見すると、なにが描いてあるのかわからない作品もあります。「よくわからないけれど、なんとなくきれいだ」というものもあれば、専門家の説明を聞いてようやく納得できるものや、説明を聞いてもまったくよさがわからないもの、さらに「当時としては画期的技法だ」といった理由で価値が上がることや、作品や作者の歴史的背景が価値を高める場合もあります。また、「王家所有コレクション」のように、所有者によって価値がつけ加えられることもあるでしょう。

「価値」はＴＰＯによって変化する

そもそも、「価値」というものは、時と場合により変化するものです。偉大な芸術家の作品、たとえば、レオナルド・ダヴィンチの描いたモナリザと、普通のパン1斤がそれぞれ1万円で売られていたとします。

通常、モナリザのほうに、多くの購買希望者が集まり、パンを1万円で買おうという人はまずいないでしょう。しかし、極端な飢饉《ききん》に見舞われている土地であったなら、誰もモナリザには目もくれず、パンに殺《さっ》到《とう》するでしょう。

財布のなかにある紙幣はその極端な例です。本来ならば、ただの紙きれであり、それ自体にたいした価値はありません。しかし、政府の保証によって、その価値が認められています。もし国家が破たんしたり、ハイパーインフレなどが起こったりすれば、その価値はほとんど無に帰してしまいます。

ものの価値に絶対的基準はあるのか…

「ものの価値」はどういう基準で決まるものなのでしょう。おそらく、答えは1つではないでしょう。

「多くの人が欲しいと思うか否か」だという人もいれば、「希少なものか否か」と考える人もいます。

「人を幸せにできるもの」ほど価値が高い、という考え方も成り立つでしょう。美しい絵画や宝石などは、見た人を幸せにしてくれるものです。しかし、極端な飢餓状態にある人を幸せにするのは、美しい絵画ではなくパンなのです。だからその地に行けば、モナリザよりも、パンのほうがよく売れるのです。

人の好みには違いがあり、どういったものを欲しいと思うかは、人それぞれです。バイクが好きな人は高いお金を払ってバイクを買いますが、同じ値段で楽器を買う人のことは信じられないかもしれません。

芸術も同様です。美しいものを見て幸せを感じる人もいれば、著名な人の作品や歴史的価値ある作品を見ること、所有することに意義を感じる人もいます。

価値にもいろいろある

ものはさまざまな面での価値を持っており、人々は自分の欲求に合った価値を求める。

使用価値

商品が持つ、人々のニーズを満たすことができる有用性。食料や実用品など。

交換価値

使用価値を持つものと交換することができる価値。現代では貨幣などがこれにあたる。

機能的価値

機能面で優れているものの価値。食料であれば「おいしい」、実用品であれば「使いやすい」など。

感情的価値

そのものが持つ有用性よりも、自分の感情を満たすことを優先する価値。デザイン性に優れたものなどがこれにあたる。

文化価値

文化的な作品や、歴史的な文化財としての価値。絵画や建築物などがこれにあたる。

芸術的価値

- 作者
- 材質
- 時代
- 技巧
- 影響力
- 所有者

価値の保証

ものの価値は、それ自体だけにあるのではなく、それを保証する、もしくは欲する個人や団体によって作られることもある。

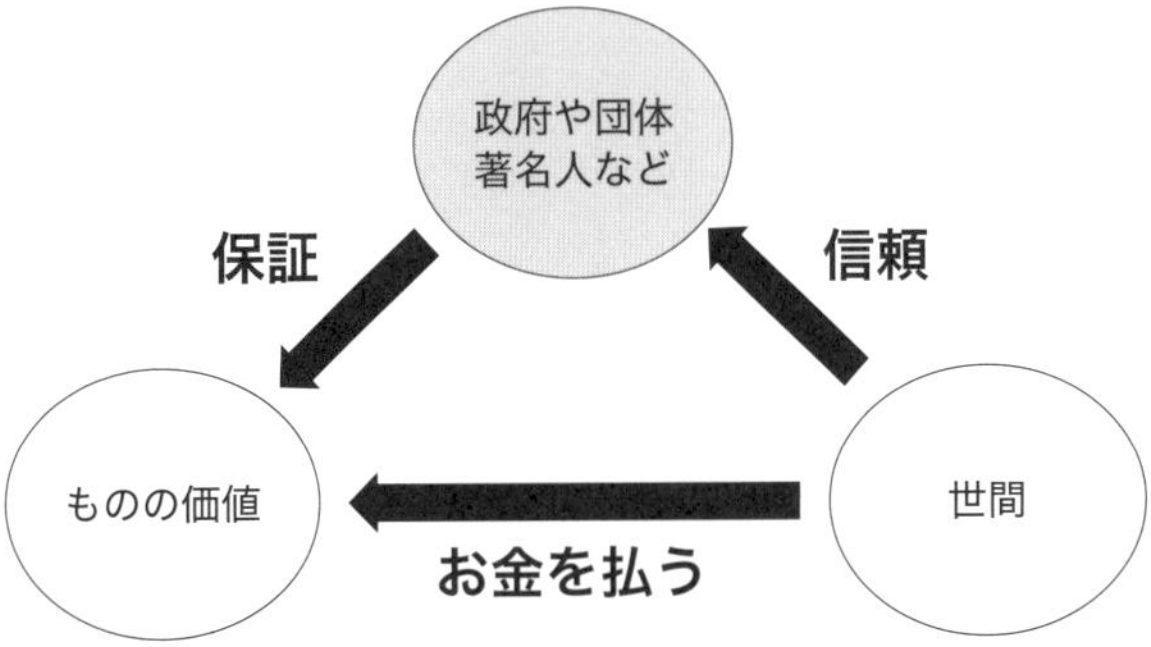

あなたが信じている価値のポイントが見えてくる!?

WORD CHECK

クオリア

私だけが持つ「感じ」

主観的な感覚的経験にもとづく独特の質感のことを「クオリア」といいます。

たとえば、赤いリンゴを見たとき、あなたは「赤い」と感じます。しかし、他人が同じリンゴを見て感じた赤さとは異なるでしょう。この「感じ」がクオリアです。「空の青さ」といった視覚体験、「楽器の音色」といった聴覚体験、「ケーキの甘さ」といった味覚体験、「ふわふわのクッション」といった触覚体験のほか、映画や小説を見て感じる「おもしろさ」「切なさ」「爽快感《そうかいかん》」といった感情にも、個人によって異なるクオリアが伴《ともな》われます。

クオリアの定義に関しては、議論が続いていますが、一般的に、言語化や他者との共有が不可能であり、他者から観察されることのない内面的な性質を持っている質感とされています。

一方で、クオリアは存在しないという意見もあります。精神や心を物質の運動としてとらえる「唯物論《ゆいぶつろん》」は、いつの日か、脳科学が発展し、複雑な脳内の神経ネットワークを完全に解明することが可能になれば、感覚的経験を特定の電気的パターンとして記録、再現ができると主張しました。

科学技術が発達しても、クオリアを解明することができないとする意見と、まだ科学技術が追いついていないだけで、いつかは解明できるとする意見の対立は、いまだに終わっていないようです。

関連する思考実験

✓哲学的ゾンビ➡P.100　✓逆転クオリア➡P.104　✓メアリーの部屋➡P.108

3章

矛盾と逆説

BEGINNING 3

「正しそうに見える」ことは、本当に正しい？

▼思い込みやロジックを疑う

「矛盾」とは、２つの事柄の理屈が合わないこと。「逆説」とは、正しいように見えて間違っていることや、間違っているように見えて正しいことを表した言葉です。

たとえば、「矛盾」という言葉の由来になった故事のように、「どんな盾でも貫ける矛」と「どんな矛でも貫けない盾」という２つの理屈は、同時に正しくあることはできません。必ずどちらかが誤りとなるのです。

また、「急がば回れ」という、諺《ことわざ》もあります。急いでいるときには近道をすることが、直感的に正しいように思えても、実際には遠回りをしたほうが早く目的地にたどり着くという逆説です。

社会には、こうした矛盾や逆説があふれています。それは明らかにおかしい理屈であることもあれば、少し考えてみると違和感が生まれることもあります。

この章では、いろいろな思考実験を見比べながら、なぜつじつまが合わないのか。どこが間違っていて、どのように解消することができるのかを考えていきましょう。

そうすることで、自分が信じ込んでいた「正しい理屈」が、もしかしたら矛盾や逆説をはらんでいることに気がつくかもしれません。

物事を深く考えるということは、頭をやわらかくすることでもあるのです。

24

EXPERIMENT

親殺しのパラドックス

過去にさかのぼり、親を殺したら〝私〟はどうなるのか

僕は父を
殺そうと思う
父はこの国の独裁者
自分の地位のために、無実の人間の頭をパーマにする残虐非道な人間だ
父の行いを許すことができない僕は
科学者たちを集めてタイムマシンを作らせた
過去に戻って独裁者になる前の父を殺し今までの悲劇をすべてなかったことにするため
そして今日、ついに
タイムマシンが完成した

これでやっと
父を殺す
ことができる
しかし、そこで
あることに気がついた
ハッ
母と父が出会い
僕を生んだとき　父はすでに
独裁者だった
つまり、僕が生まれる前の
父を殺したなら
僕は生まれなかったことに
なるのだろうか
ならいったい誰が
父を殺したことに
なるのだろうか

時間旅行はなぜ不可能？

タイムトリップに関する矛盾

　今回はタイムパラドックスに関する思考実験です。マンガにあるような矛盾については、しばしばＳＦ系の映画やアニメなどの主題ともなってきました。ここで矛盾点を整理しておきましょう。

　このマンガの主人公は父親の起こした悲劇をなかったことにするため、独裁者になる前の父親を殺しに、タイムマシンを使って過去へとさかのぼった少年です。ここでネックなのは、「少年が生まれたのは父親が独裁者になったあと」ということです。

　つまり親殺しが成功すれば、この少年は生まれてこないことになります。少年が生まれてこないのならば、父親である独裁者を殺す人もいなくなるはずです。

　そうなると、父親は生き続け、独裁者となり、母親と出会い、やがて子どもをもうけるでしょう。生まれたその子どもは悪行を重ねる父親を憎むようになり、タイムマシンを使って過去に行き、父親を殺そうとします。ところが、親殺しが成功してしまうと、少年は生まれてこず……。

　どこまでも矛盾は続き、解決の糸口は見えてきそうにもありません。そのため技術的な面とは別に、歴史のつじつま合わせの面から、タイムマシンの製造は不可能だという人もいます。

　しかし、人々はなんとかしてこのパラドックスを説明し、問題を解決しようとしてさまざまなアイデアを生み出しました。さて、あなたなら、どうやってこの矛盾を説明できるでしょうか。

歴史改変を妨げる力

アイデアの1つに「タイムマシンで過去へさかのぼっても、未来は変えられないようになっている」というものがあります。今回の場合だと「少年の気が変わったり、邪魔が入ったりして結局親殺しはできず、未来は変わらない」というものです。

また、「親殺しには成功しても、結局別の独裁者が出てくるなどして未来は大きく変わらない」というアイデアもあります。たとえ、歴史の細部が多少変わったとしても、大きな流れは変わらず、最終的につじつまが合うようにできているという考え方です。

この2つのアイデアには「未来が変わらないようにする力」が働き、歴史が変わらない、という共通点があります。それは歴史の流れはすべて決定しているという「運命論」に通じるものでもあります。

しかし、後者のアイデアでは「親殺しが誰なのか」という矛盾は解決されません。

もう1つの世界という考え方

「タイムトリップのたびに、別の時間軸が現れ、パラレルワールドのような異空間（別世界）が生まれる」というアイデアもあります。これは、独裁者の子どもがタイムトリップした時点から、まったく違う時間軸、まったく違う世界が新たにはじまるため、その世界で親殺しを行っても問題にはならない、という考えです。

この考え方によれば、独裁者となるはずだった男を殺したのは、異空間から来たその男の子どもなわけで、つまり、自分の子どもとは別人ということになります。

それでは「タイムトリップ（時間旅行）」ではなく、「パラレルワールドトリップ（異空間旅行）」ではないか」という批判はあるかもしれませんが、さまざまな矛盾は解消できそうです。

ただし、そうなると、タイムマシンが実用化した場合には、誰かがそれを利用するたびに、新しい世界が生まれるということになります。1つの世界から枝分かれしたパラレルワールドへと、タイムトラベラーたちが次々と移住していくのです。また、タイムトラベルした世界から、さらにタイムトラベルする可能性も考えると、やがて数えきれないほどの異空間が生まれることになります。

理論上の矛盾はありませんが、もはや、「真実の世界」などというものは存在しなくなり、現実感は乏しいかもしれません。そもそも、パラレルワールドでの悲劇を防ぐことはできても、自分が元々いた世界の悲劇をなくすことができないのであれば、少年にとってはまったく無意味なタイムトリップとなるでしょう。

もっとも、「からくり」に気がつかなければ、少年の心は救われるのかもしれませんが……。

このような時間旅行に関する「タイムパラドックス」という問題に納得のいく答えを導き出すのは難しいようです。

そこでもう1つ、130ページからタイムマシンを使った別の思考実験で見てみることにしましょう。

タイムトリップ

自分が生まれる前にタイムトリップして自分の親を殺した場合、
自分は消失し、親を殺す実行犯はいなくなるのではないのか。

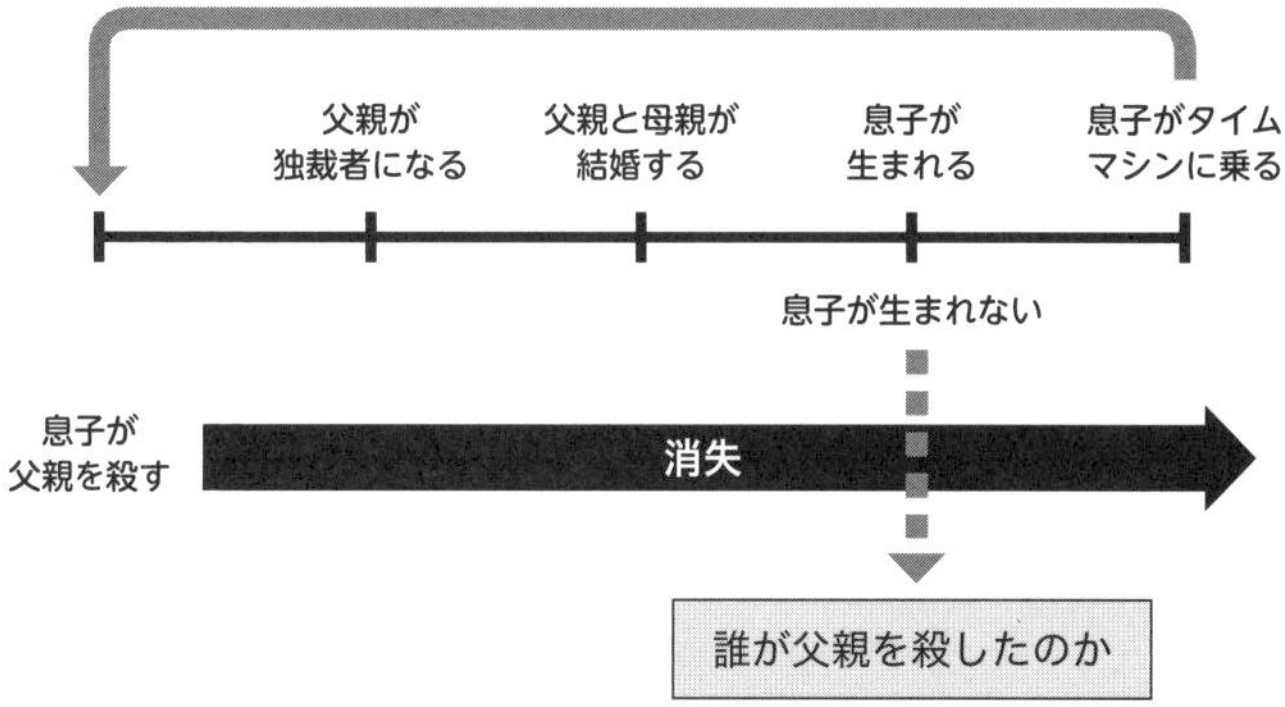

パラレルワールドという解決策

過去の世界ではなく、過去の別世界（パラレルワールド）での
出来事は、もともといた世界には影響を及ぼさない。

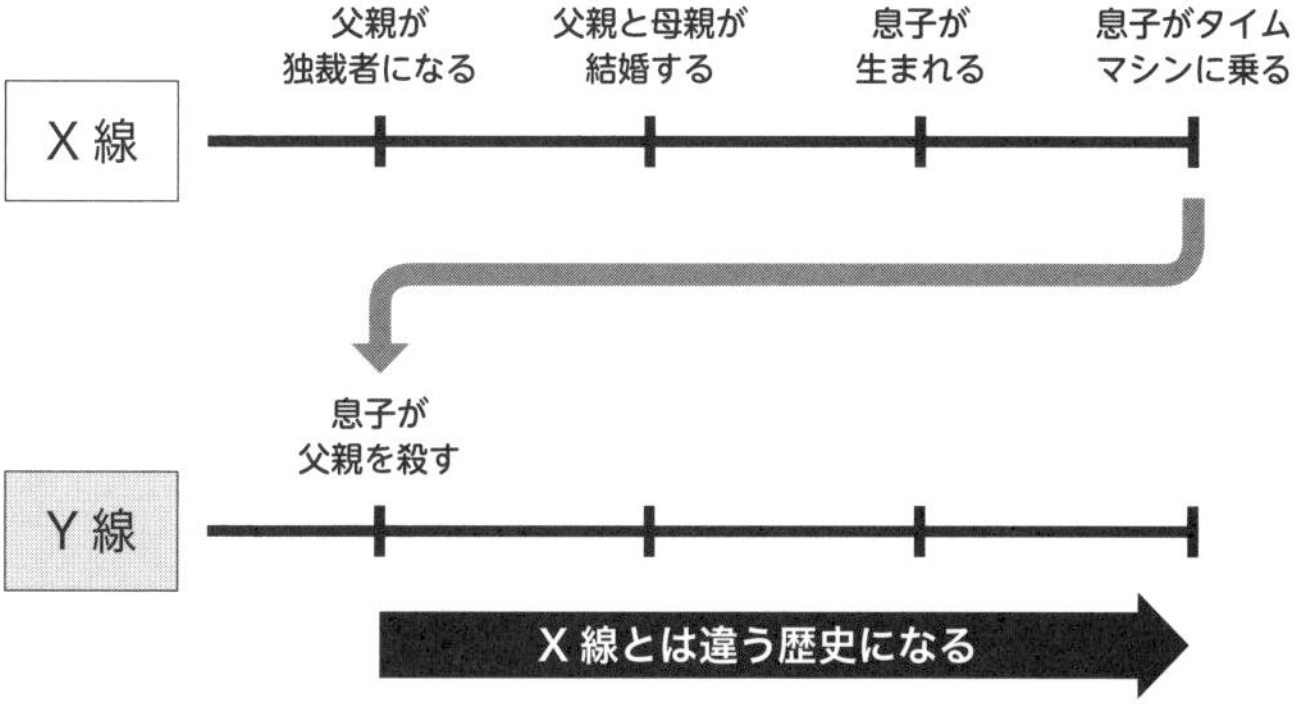

**過去と現在の因果関係
について見えてくる!?**

25

EXPERIMENT

ブートストラップのパラドックス

未来の自分の作品を発表したら真の作者は誰になるのか

真の作者は誰か？

未来は変わらないタイムパラドックス

このパラドックスは、先ほどよりも少し状況が複雑です。未来の自分の作品を読んだ小説家が、それをそっくりそのまま写して発表したとします。もし本来と同じ時期に発表したとすれば、歴史は変わりません。一見、なんの矛盾もないようにも思えます。しかし、そこには大きな矛盾があるのです。この小説家が未来の自分の作品を写して発表しただけだとすると、この小説の内容を考え、文章にした、真の作者はいったい誰なのでしょう。

前問で「親殺しなど未来を変えることはできないようになっている」と答えたのと同じ矛盾が生まれないように、「作者は未来の自分の作品を見たり、受け取ったりできない。受け取ったとしても、現物や見た記憶をなくすようにできている」と考えることもできます。

また、「たとえ未来のものを参考にしたとしても、その作品は作者の芸術性が作り上げたものといって間違いない。創作にかかる時間が短縮された、あるいは時間が逆転したというだけで大した問題ではない」という人がいるかもしれません。しかし、誰かが筆をとるより先に作品が成り立つという点には、違和感を覚えます。

異空間説なら説明できるかもしれないが…

また、前回と同様、「タイムマシンを使うことによって、別の時間軸（異空間）が生まれたので、真の作者は元の時間軸の作者である」という考えも成り立つでしょう。元の時間軸（元の世界）に、苦心して創作した作者がいるという点で、矛盾はありません。しかし、タイムマシンの利用に関するさまざまなパラドックスを、すべてパラレルワールドの存在で片づけてしまって本当によいのでしょうか。パラレルワールドを認めてしまうと、無限ループに陥り、はじまりが消失してしまいます。

また、この考え方を通すのであれば、作者自身の〝評価〟についても言及しなければいけません。実際に「作品」を作り上げた世界の作者は、間違いなくその能力があり、称えられるべき存在でしょう。

しかし、「作品」を手に入れた世界の作者は、まさに棚からぼた餅の状態で、その作者自身に本当に作品を制作するだけの能力があったのかどうか疑わしくなります。これでは、パラレルワールドの自分からの盗作です。

その場合、パラレルワールドにおける作品に価値があるといえるでしょうか。内容はまったく同じですから、価値は変わらないはずだと考えることもできます。しかし、実は作者が不在だということがわかったとき、私たちは本当に、純粋に作品そのものを評価することができるのでしょうか。

タイムマシンについての問題は、パラレルワールドのように無数に広がっていくようです。

本はいつループのなかに現れたのか

未来の自分の作品を発表し、その未来の作品が再び過去に届くという無限ループのなかで、作品は誰がいつ作ったのだろうか。

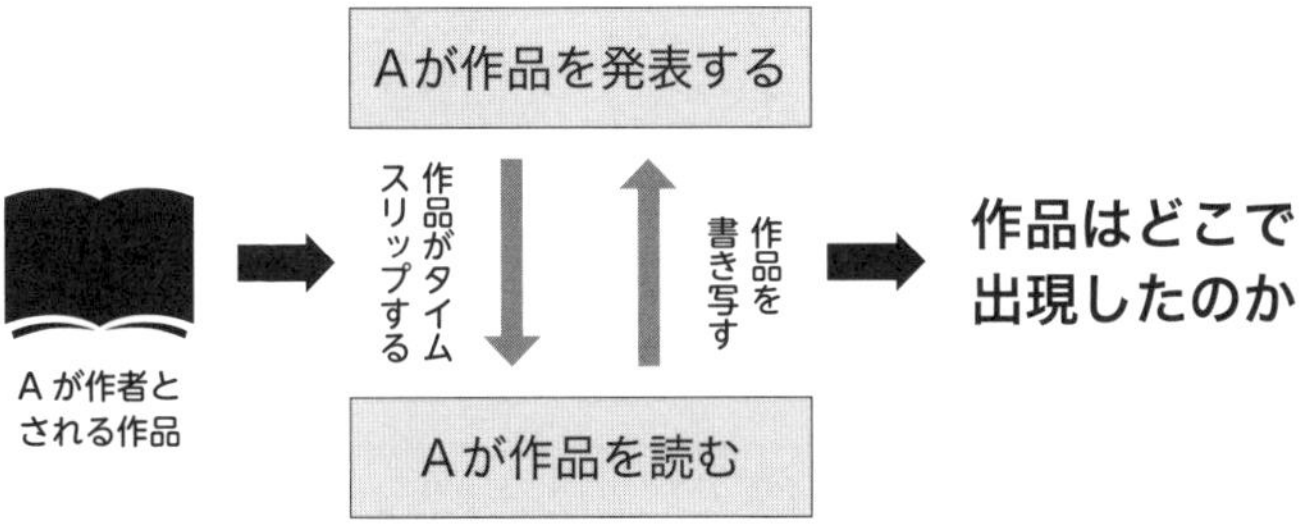

X軸とY軸のAは同じ能力か

X軸の作者とY軸の作者は同じ人物だろうか。もし、別人であるのならY軸の作者は盗作をしたことにならないだろうか。

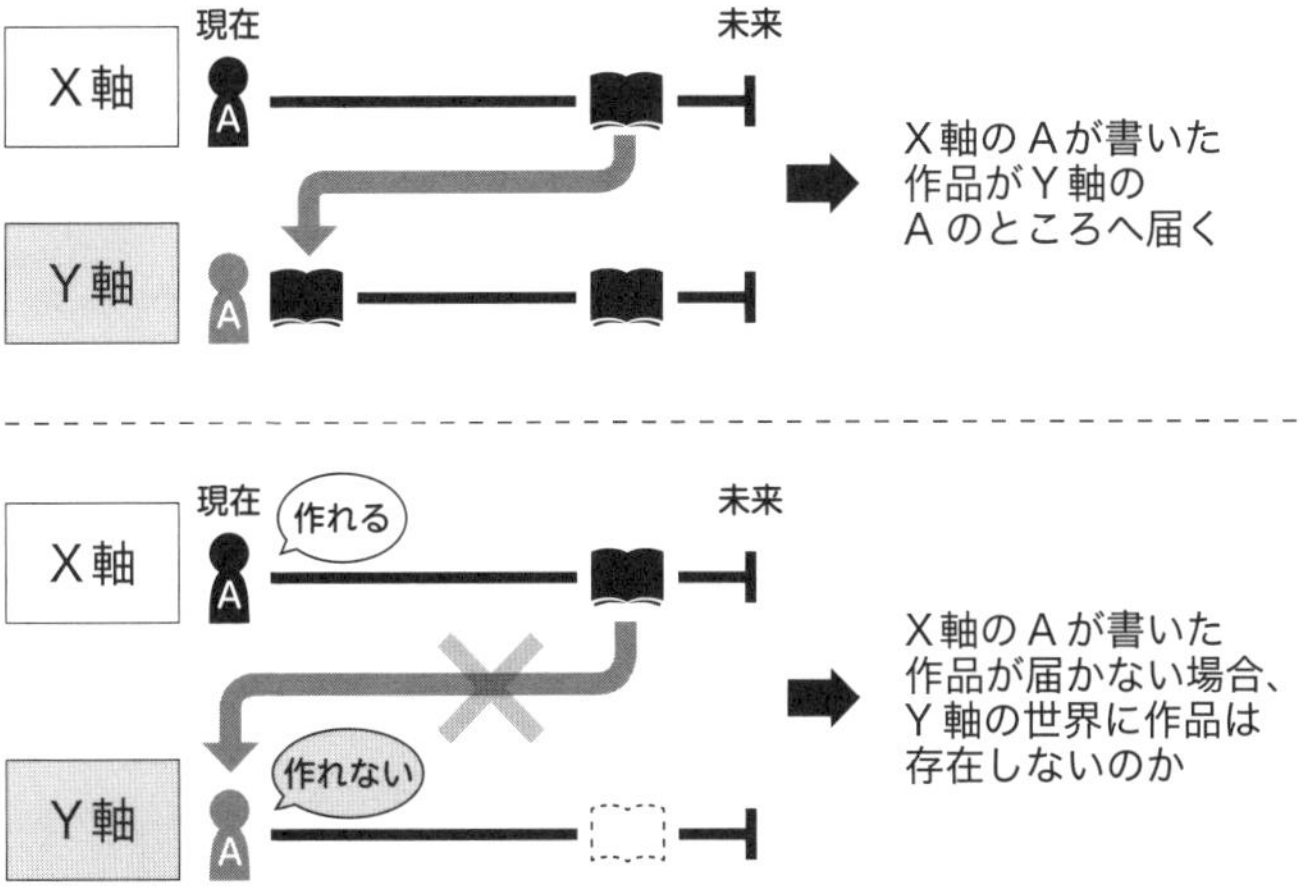

ものと、それを生み出した人
あなたが重要視するものは!?

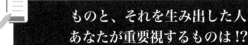

26 EXPERIMENT

人食いワニのジレンマ

ワニの自己矛盾は解消できるのか

うっ
うっ
待ってて
坊や……
必ず助けて
あげるからね
えーと、んーと……
あなたはこれから
私の坊やを食べる
でしょう！
クックック
正解だ
では、お前の子どもを
返してやろう……あれ？
いや、子どもを返したらお前の
予想は外れたことになり……
いや、正解なら食べて？　あれ？
バッ
？
？
？
たべる
たべない
ワニがフリーズ
しているうちに
こっそりと
今のうちに……
たべる
たべない
10年後
あのワニ、まだ
固まったままだ

矛盾を見つけ出して指摘する

ワニが気づかなかった矛盾点

母親の言葉に、すっかり固まってしまったワニ。固まってしまった理由は……、おわかりですよね？

「自分がこれからなにをするか、当てたら子どもを返す。外れたら子どもを食べる」と言ったワニに対し、母親は「あなたはその子を食べるでしょう」と言いました。母親の言う通り「子どもを食べる」のだとすると、母親の言ったことは「当たり」なので、子どもは食べずに返さなければいけません。逆に「子どもを食べない」とすると、母親の言ったことは「外れ」なので、ワニは子どもを食べることになります。しかし、子どもを食べたら、今度は母親の言ったことは「当たり」になってしまうので、子どもを返さなければいけないことになります。

明らかに矛盾が生じます。こうして、自分の発した言葉と行動に矛盾が生じ、子どもを食べることもできず、食べないわけにもいかなくなったので、ワニは固まってしまったわけです。

友人などに「ワニにこういわれたら、あなたならどうしますか？」とクイズとして出題してみてもよいかもしれません。

クレタ人のパラドックス

このような論理的なパラドックスを利用した物語は、ほかにもあります。有名なのは、「クレタ島の嘘つき」などと呼ばれるお話です。

あるクレタ島人が言いました。「すべてのクレタ島人は、必ず嘘をつく」。

たったこれだけの話なのですが、とても矛盾していま す。もし、本当にクレタ島人が嘘つきなら、彼(クレタ島人)が言った「クレタ島人は嘘つきだ」という言葉も嘘であるはず。となると、「クレタ島人は嘘つきではない」ということになってしまいます。矛盾しています。

パラドックスを応用したクイズ

このような矛盾を利用したクイズもあります。殺人事件があり、3人の容疑者が同時に取り調べを受けています。3人のうちの1人が犯人で、残る2人は無実の人間です。そして、取り調べの際、犯人は必ず嘘をつき、無実の人は必ず本当のことを言うとします。

さて、取り調べがはじまり、最初に容疑者Aがぼそぼそとなにかをしゃべりました。しかし、声が小さすぎて聞き取れません。すると、すかさず容疑者Bが「Aは『自分が犯人だ』と言ったのです。だから、私は釈放してください」と言いました。しかし、次に容疑者Cがこう言いました。「いや、Aは『自分は犯人じゃない』と言ったのです。もちろん、私も犯人ではありません」さて、真犯人は誰でしょうか。

ポイントとなるのは、Aの言葉です。もし、Aが犯人なら、必ず嘘をつくわけですから「自分は犯人ではない」と言うはずです。逆に無実であっても、正直に「私は犯人ではない」と言うでしょう。どちらにしてもAは自分が犯人であることを否定するはずです。したがって、容疑者Bの言っていることが誤りであることは明白です。すなわち、嘘をついている人(=犯人)は、Bということになります。

矛盾を回避するためのトレーニング

「張り紙を貼らないでください」という張り紙を貼ったり、「自由になれ！」と命令したり……私たちの話す言葉や行動には、それ自体に矛盾が含まれていることがあります。マンガに出てくるワニのように、自縄《じじょう》自縛《じばく》に陥《おちい》り、硬直してしまわぬように矛盾した言動を慎んだり、逆に相手の矛盾を指摘したりできるようにするために、このような思考実験を続けていく意味があるといえるでしょう。

なお、このような論理的な言動のパラドックスの場合、言葉の「解釈」次第で矛盾を回避できる場合もあります。たとえば、このワニも上手にふるまえば、子どもを食べることだって可能です。

母親の回答を聞いたあとに、軽くあくびでもして「『これからなにをするか』の『これから』とは、お前の回答を聞いたあと、次になにをするのか、という意味だから、正解は『あくび』だ。外れたのだからお前の子どもはいただくぞ」とでも言えばよいのです。

要は「これから」という言葉の解釈を、回答を聞いた次（直後）にする行動だけと取るか、回答を聞いたあとのしばらくの間に行う行動すべて、と受け取るかの違いです。思考実験は、言葉の解釈を巧みに利用して、臨機応変に対応する思考のトレーニングとしても活用できるのです。

ワニをフリーズさせた母親の機転

母親の巧みな回答で、ワニは自分の言葉による矛盾に陥り、食べることも食べないこともできなくなる。

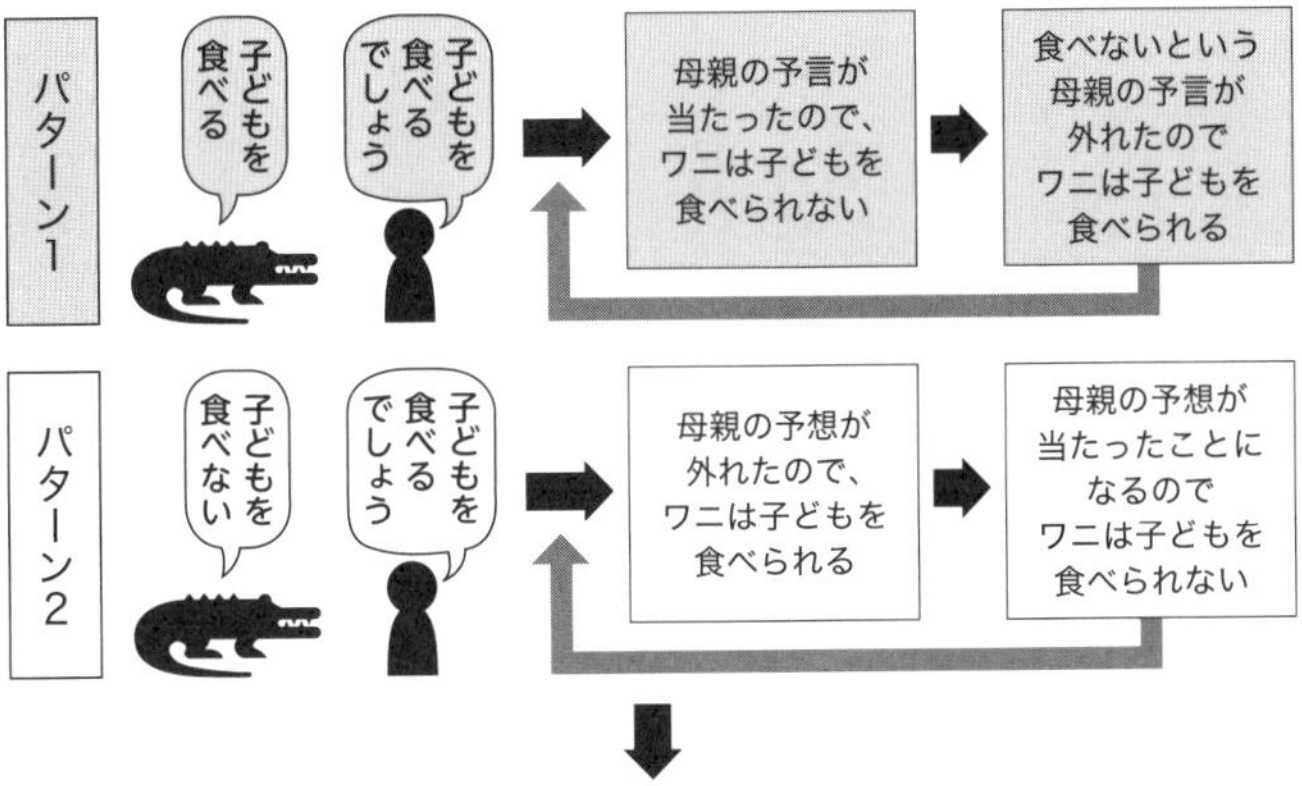

自己言及のパラドックス

ワニが子どもを食べる方法

ワニは子どもを食べられるように言葉の解釈を変えてみる。臨機応変に対応することで目的を果たす。

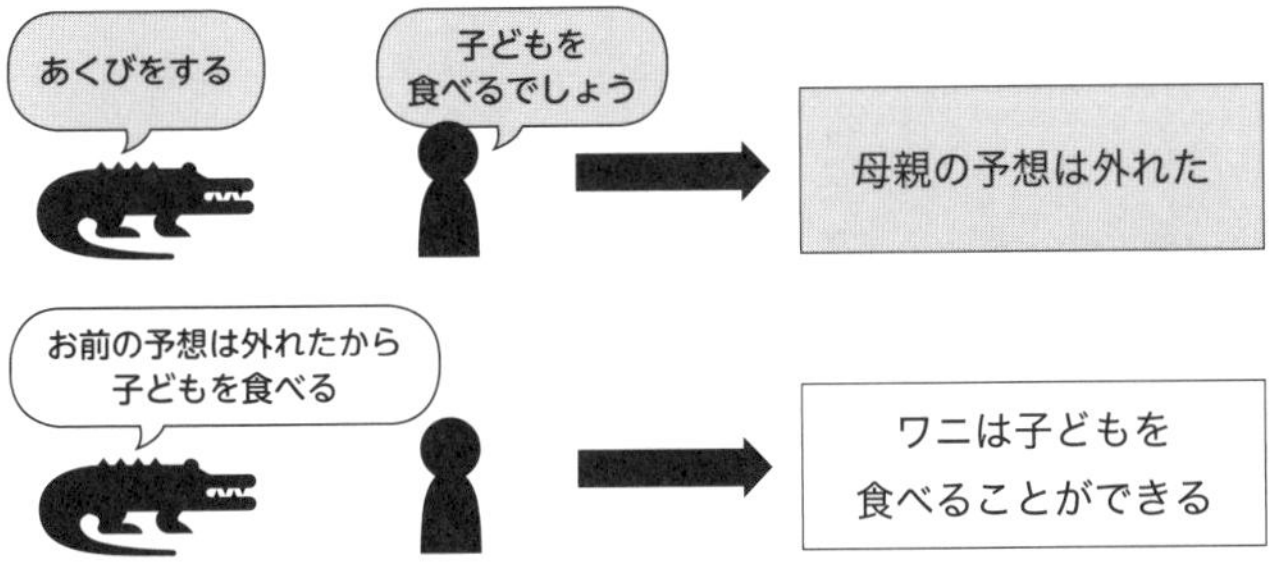

自分の思考の矛盾や柔軟性が見えてくる!?

27

EXPERIMENT

アキレスとカメ

俊足のアキレスはどうしてカメに追いつけないのか

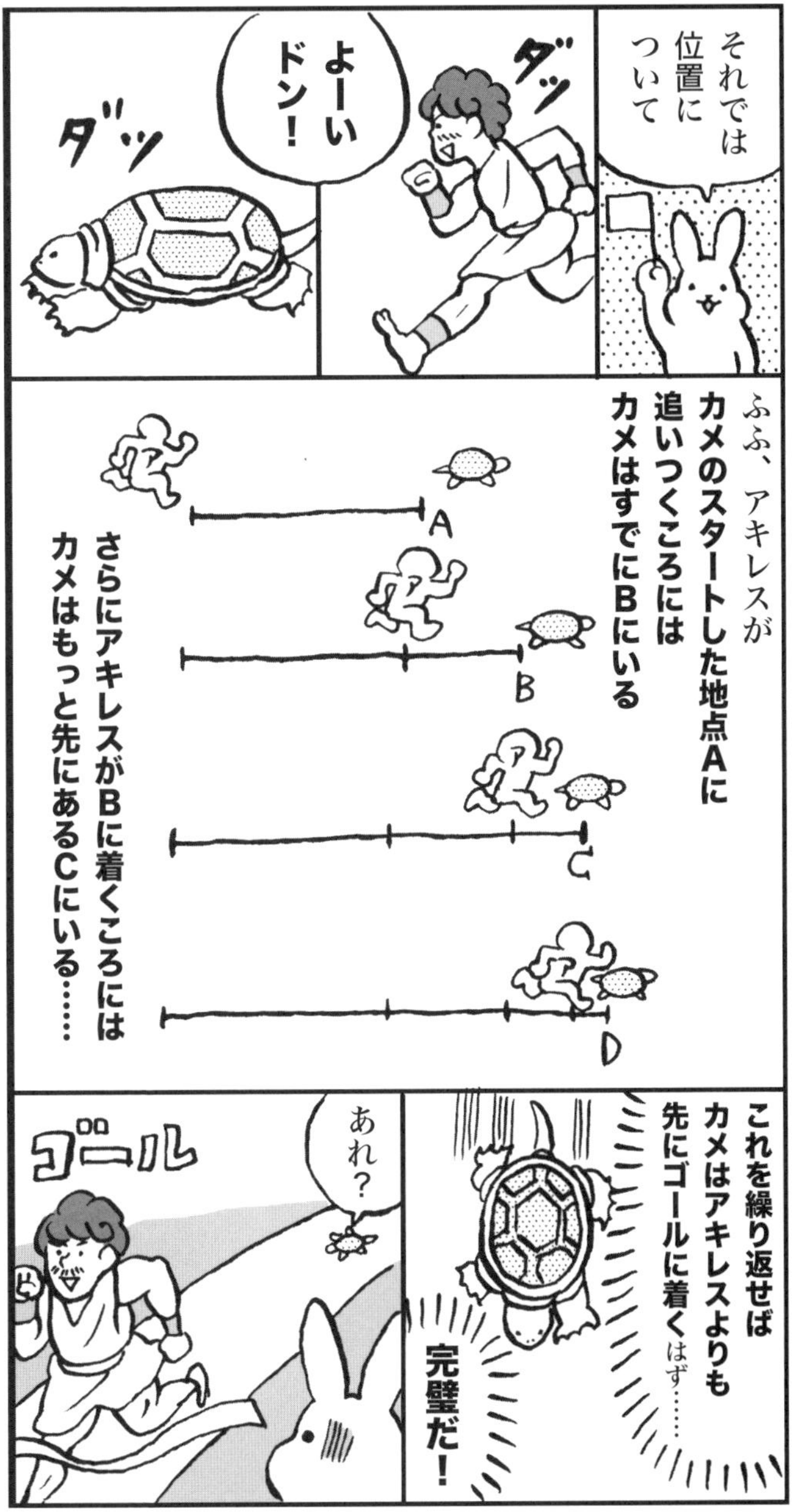
それでは位置について
ダッ
よーいドン!
ダッ
ふふ、アキレスが
カメのスタートした地点Aに
追いつくころには
カメはすでにBにいる
A
B
C
D
さらにアキレスがBに着くころには
カメはもっと先にあるCにいる……
これを繰り返せば
カメはアキレスよりも
先にゴールに着くはず……
完璧だ!
あれ?
ゴール

論破できない「誤った真実」

誤りとはわかっても論破するのは難しい

この思考実験は、古代ギリシアの哲学者ゼノンが語ったとされるものをもとにして作られました。

「どんなに足の速いギリシア神話の英雄アキレスであっても、少しハンデを与えてスタートする限り、永遠にカメを追い越せない。なぜなら、アキレスがカメのスタート地点に着いたときには、カメは少し先にいるはずだから。そして次に、今カメがいた地点にアキレスが着いたときには、やはりカメはほんの少しでも前にいるはずだからだ。このように、アキレスがカメのいた地点に到着したときには、常にカメはほんの少しでも前に進んでいるはずである。したがって、アキレスはいつまで経っても、カメを追い越すことはできないのだ」。

この話が、誤りだということは誰でも直感的にわかるはずです。そうでなければ、リレーで先行走者に追いつくことなんて永遠にできません。急行電車も、先に発車した各駅停車を追い越せません。

この話のおもしろいところは、この説明が誤りだとはわかるけれども、どう誤りなのかを論理的に説明するのが非常に困難だということにあります。

さて、あなたならどうやって、この誤りを指摘しますか。なるべく方程式など数学的な技法を使わず、文章で論理的に説明してみてください。

カメが想定したのは切り取った有限の時間

説明の方法はいくつかあります。その一部を紹介していきましょう。

まずは、マンガの中で、カメがイメージしている図をもう一度見てみましょう。当然ですが、二者の距離が徐々に縮まってきているのがわかります。2人の差は、最初は50メートルでしたが、やがて10メートルになり、1メートルになり、1センチ、1ミリ、さらには0・1ミリ、0・001ミリ、0・0001ミリ……と、どんどん縮まっていきます。

そうして、やがてその距離が限りなく「0」に近づいたところで両者は並んだかのように見えます。けれども、アキレスはカメに限りなく近づいているだけで、決して追いつくことはありません。

実は、ゼノンやマンガのなかのカメが想定していたのは、このスタートから追いつくまでの時間だけ。その時間を、細かく、細かく、無限に細分化しているだけなのです。それではいつまで経っても、アキレスがカメに追いつき、追い越せないわけです。

無限に細分化される感覚

違う言い方で説明してみましょう。

「アキレスがカメのいた地点にたどり着く↓カメは少し先に行っている↓その地点にアキレスがたどり着く↓またカメは少しだけ先に行っている↓またその地点にアキレスが……」と無限に続く連鎖は、実際には前述のようにアキレスがカメに追いつくまでの時間を、無限に細分化しているだけですが、この「無限に続く」という感覚を「いつまで経っても追いつけない（＝無限の時間が続く）」というふうに混同してしまう点にこそ、この矛盾を解き明かすカギがあるのです。

「（アキレスがカメに追いつくまでの）時間を無限に

細分化する（時間が無限に細分化できる）」→「無限に繰り返す」→「無限に（時間が）続く」→「いつまで経っても追いつけない」というふうに感覚的な誤解を起こしているというわけです。

永遠にたどり着けないゴール

まだもやもやする、という人もいるでしょう。それはひょっとして、どんなにものや時間を細分化しても「0」にはならない（ものはたとえ少しでも常に先に行っている）という感覚があるからかもしれません。ビスケットを半分にして、それをまた半分に……ということを続けた場合、物理的には限界はあれど、理論上は、どんどん小さくはなるけれど、なくなりはしないのではないか、というのと似た感覚です。

それに関して、ゼノンは別の例を出しています。それはなんと「競技場を走るいかなる人もゴールにたどり着けない」というショッキングな話です。どういうことかというと、スタートからゴールに向かうまでに、まず中間地点にたどり着きます。そこを仮にAとします。次にも、やはりゴールに着く前に、Aとゴールとの間の中間地点Bに着きます。そして、次にもBとゴールとの中間地点Cに着き、その次には中間地点Dに……というように、人は、ゴールにたどり着く前に現れ続ける「中間地点」にたどり着くだけで、永遠にゴールにはたどり着けない、というのです。

むろん、実際にはそんなことはありません。どんな人でもゴールに向かって進んでいる限り、いつかはゴールにたどり着けます。ゴールまでの道のりを究極的に細分化するという考え方をやめれば、アキレスもカメに追いつける、というわけです。

アキレスとカメの距離

アキレスがカメを追い抜き、ゴールするまでの距離ではなく、アキレスがカメに追いつくまでの距離を問題にしている。

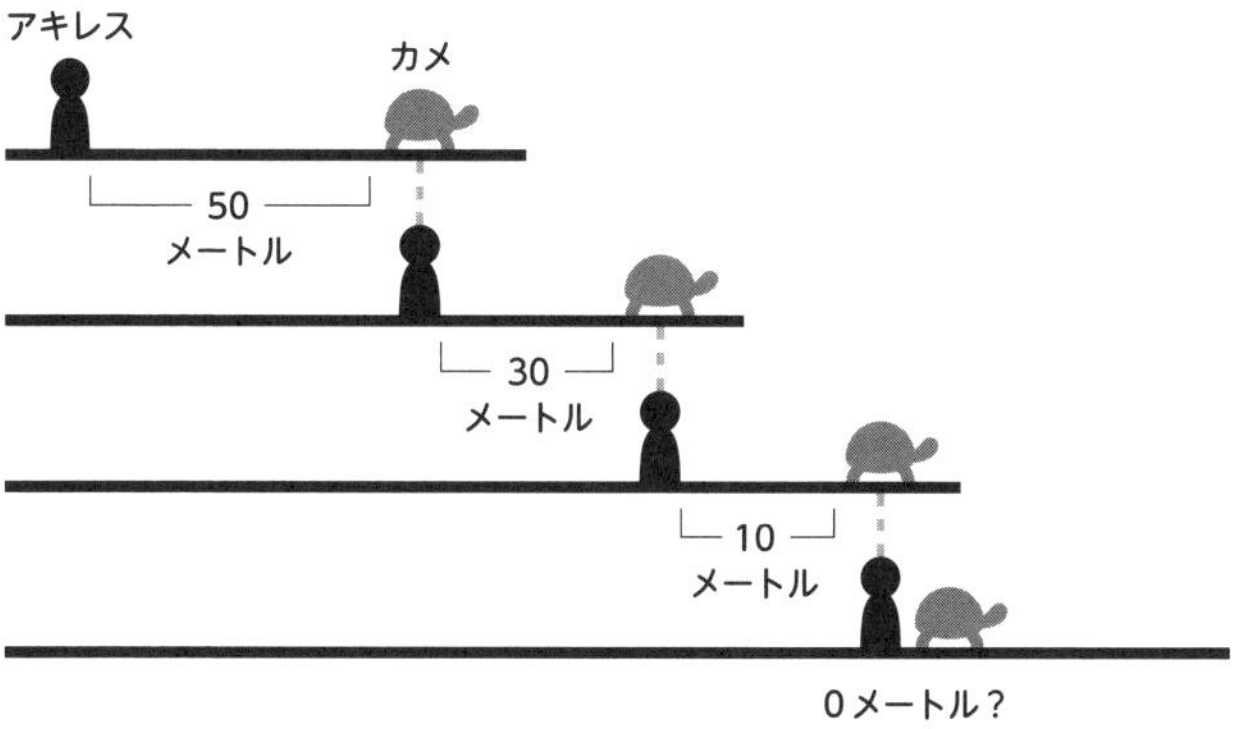

ゼノンのパラドックスはアキレスとカメの距離が
0に近づくまでの間を切り取っている

0へと近づくまでの無限の中間地点

1と0の間には無数の中間地点があり、その間にはさらに中間地点が……と細分化することで永遠を錯覚させる。

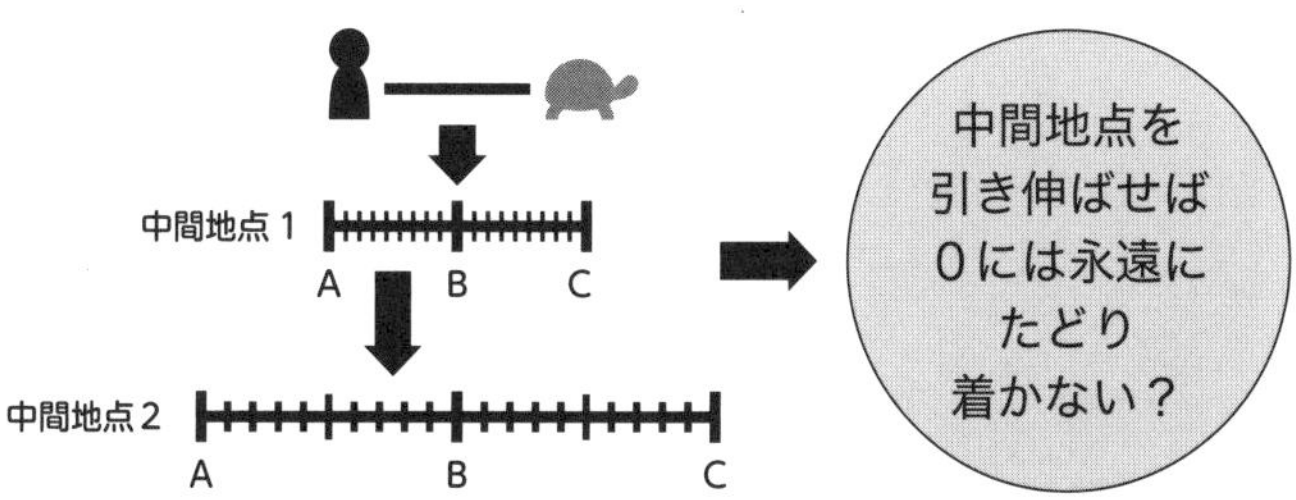

自身の“考え”に対する関心度が見えてくる!?

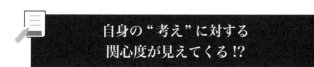

28

EXPERIMENT

砂山のパラドックス

言葉に厳密な定義はあるのだろうか

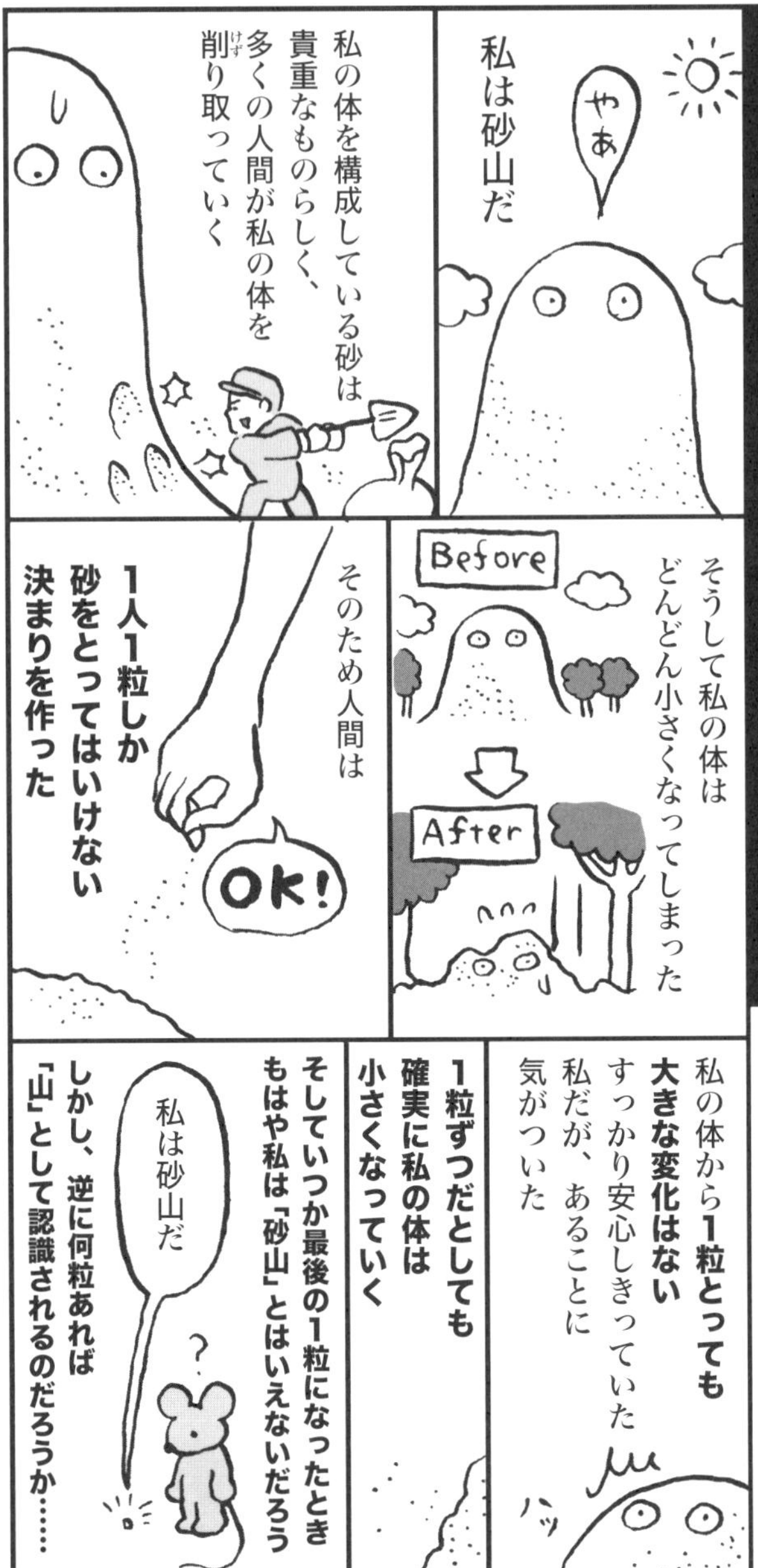
やぁ
私は砂山だ
私の体を構成している砂は貴重なものらしく、多くの人間が私の体を削《けず》り取っていく
Before
After
そうして私の体はどんどん小さくなってしまった
そのため人間は
1人1粒しか砂をとってはいけない決まりを作った
OK!
私の体から1粒とっても大きな変化はない
すっかり安心しきっていた私だが、あることに気がついた
ハッ
1粒ずつだとしても確実に私の体は小さくなっていく
そしていつか最後の1粒になったときもはや私は「砂山」とはいえないだろう
私は砂山だ
?
しかし、逆に何粒あれば「山」として認識されるのだろうか……

言葉の曖昧さに気づく

砂山でいるために必要なもの

たとえば、富士山と同じくらい巨大な砂山から、いくらかの砂粒を取り去ったとしても、大きな変化はありません。ショベルカーなどで本格的に山を削り、拳《こぶし》サイズほどになってしまったとしても、まだ砂山と呼ぶことはできるでしょう。

しかし、そこからさらに砂粒を取り去り、最後の一粒となってしまったら、当然それはもう砂山とは呼べません。2粒、5粒、10粒残っていたとしても砂山とは呼べないでしょう。では、何粒残っていれば、それは砂山と認識できるのでしょうか。今回は、こうした「定義の曖昧《あいまい》さ」がテーマのパラドックスです。

ハゲはいつからハゲになるのか

この思考実験は、古代ギリシアの哲学者であるエウブリデスが提唱した「ハゲ頭のパラドックス」がもとになっているといわれています。

髪の毛がたくさん生えている人はハゲではなく、頭から髪の毛を1、2本抜いたとしてもハゲになるわけではありません。しかし、どんどん髪の毛を抜いていくと、必ずどこかの段階でハゲとなります。反対に、ハゲの人に髪の毛を1本植えていけば、どこかの段階でハゲではなくなります。

「ハゲ」という言葉を辞書で引いても「頭髪が抜け落ちている部分」としかありません。髪の毛が1本もなければ、間違いなくハゲといってもかまいません。しかし、1本だけ残っていたり、頭の半分だけ残っていたり、ただ、おでこが広いだけだったりしたら……。砂山よりも解釈の幅が広い分、砂山のパラドックスより複雑に感じます。

人によって異なる言葉の定義

話を「砂山のパラドックス」に戻しましょう。たとえば、仮に砂山の定義を作り、砂粒が1000粒あったら砂山と定義する、としましょう。しかし、これで一件落着とはなりません。よくよく考えてみると、1000粒と999粒との間に差はほとんどなく、999粒を砂山と呼べない正当な根拠が見当たらないのです。

こうした最初の定義に起因して解決不可能な問題を「擬似問題《ぎじもんだい》」といいます。仮定や前提条件が誤っていたり、根拠が検証できなかったりするものであるため、問いの答えを出すことができない、そもそも存在しないはずの問題のことです。そのことに気がつかずに、推論を進めてしまうと、意味のない定義に由来するパラドックスに陥《おちい》るのです。

実際は、何粒から砂山かなんて厳密に定義できるわけがなく、私たちは「砂がたくさんある」ことを、便宜上「砂山」と呼んでいるにすぎません。もしくは、盛り上がってできた「山」の形をそう認識しているだけなのです。一度、「砂山」と認識したものでも、それを平たく伸ばしてしまえば「砂山」ではなく「砂浜」と改めるかもしれません。

このように、言葉の意味や定義は厳密なものではなく、同じ言葉で同じものを指していたとしても、必ずしも認識が一致するわけではないのです。

人によって異なる定義

「砂山」も「ハゲ頭」も、言葉の定義は曖昧であり、自分と他人とでは異なるイメージを持っている可能性がある。

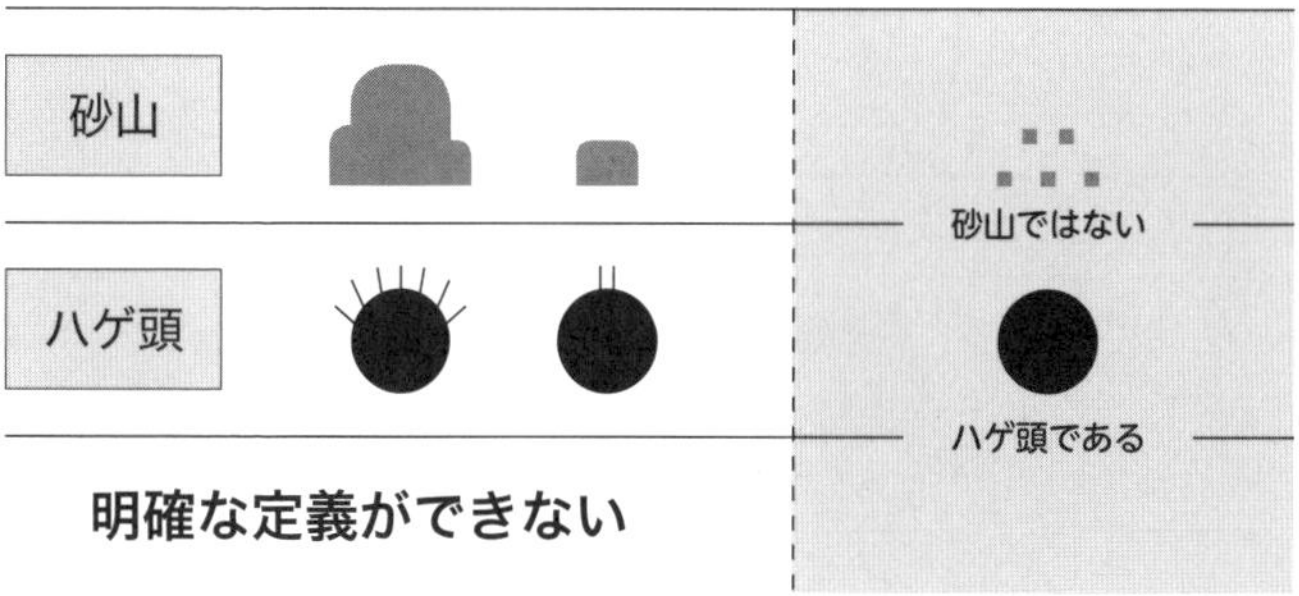
砂山
ハゲ頭
砂山ではない
ハゲ頭である
明確な定義ができない

擬似問題《ぎじもんだい》

問いの立て方が誤っていることで、本来であれば問題にならないことが矛盾のある問題となる危険性がある。

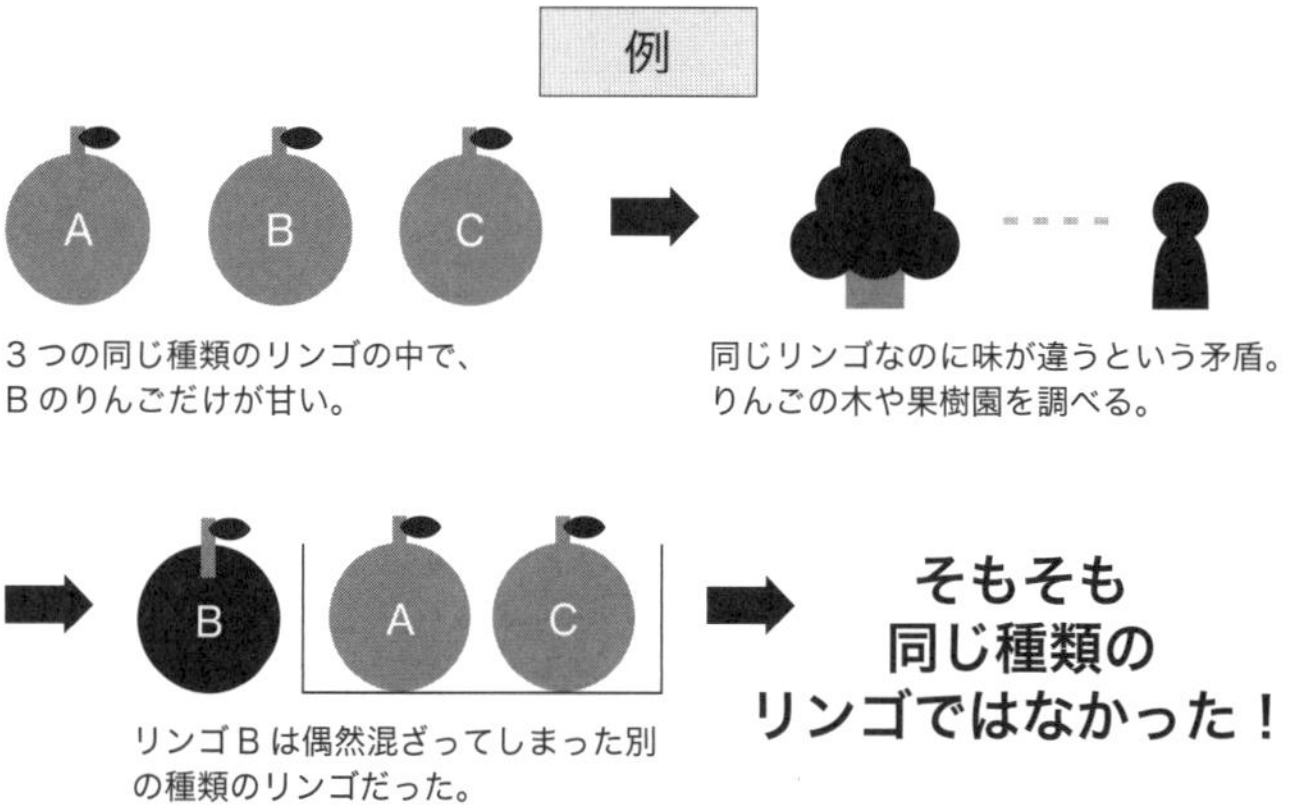
例
A
B
C
3つの同じ種類のリンゴの中で、
Bのりんごだけが甘い。
同じリンゴなのに味が違うという矛盾。
りんごの木や果樹園を調べる。
B
A
C
リンゴBは偶然混ざってしまった別の種類のリンゴだった。
そもそも
同じ種類の
リンゴではなかった！

あなたの物事の意味への追求心が見えてくる⁉

29

EXPERIMENT

ヘンペルのカラス

「BでないならAでない」とき、「AならばB」も成り立つか

対偶論法は常に有効だろうか

命題の正誤を証明する方法がある

この思考実験は、ドイツが生んだ20世紀の哲学者カール・ヘンペルが考えたものをもとにしています。

マンガには「カラスがすべて黒い」ことを証明するために、「すべての黒くないものはカラスではない」ことを確認しようとした科学者が登場します。直感的には彼の研究方法は間違っているように見えますが、具体的にどこがどう間違っているのでしょうか。

結論からいえば、彼の研究のやり方自体が間違っているわけではありません。彼の行った「『AならばB』を証明するために、その両方を否定した『BでないならAでない』を証明する」というのは、正しい証明の仕方だとされています。

このA、Bの両方を否定した「BでないならばAでない」ことを、元の「命題（AならばB）」の「対偶《たいぐう》」といいます。対偶を証明することで、元の命題の正誤を証明するやり方のことを「対偶論法」といい、数学的な証明に使われるのはもちろん、実は私たちも日常的に使っているのです。

たとえば、「すべての人口100万人未満の都市は、都道府県庁所在地ではない」という命題があったとします。命題にしたがってそのまま確認するには、人口100万人未満の都市を北海道から順にピックアップしていって、都道府県庁所在地かどうかを確認していく必要があります。しかし、ほとんどの人がそんなことはしないでしょう。無意識のうちに、この命題の対偶である「都道府県庁所在地はすべて人口

100万人以上である」ということを確認するのではないでしょうか。これならば47の都道府県庁所在地の人口を調べるだけなので簡単です。

「論理的」と「現実的」

同様に、「カラスはすべて黒い」を証明するために「すべての黒くないものはカラスではない」を調べるという科学者の手法自体は誤ってはいません。

ちなみに、マンガの最後で科学者はカラスについて調べていないことに気づきますが、「カラスがすべて黒い」ことを証明するだけが目的ならば、カラスを調べることは必須ではありません。人口100万人未満の都市をすべて調べなくても、その中に都道府県庁所在地があるかないかの判断ができるのと同じです。

それでもこの科学者のやり方に違和感を覚えるのは、その手法があまりに非現実的だからでしょう。また、「対象を調べていない」という点を許容してしまうと、まだ誰にも存在を認められていない存在、たとえば、「幽霊」についても、この論法が成立してしまいます。「すべての幽霊は白い布をかぶっている」を命題にした場合、「白い布をかぶっていなければ、幽霊ではない」が対偶となります。世界中の白い布をかぶっていないものを調べ尽くし、そのなかに幽霊がいなかった場合、誰も幽霊を見たことがないにもかかわらず、幽霊の特徴が決定されてしまうのです。つまりこの思考実験は論理的には正しくても、手法としては適切でないという好例です。ちなみに、この科学者には残念なお知らせですが、世界各地で白いカラスはすでに発見されているようです。

対偶論法

世界中の黒くないものを調べ、それらのなかにカラスがいないと確認できれば、カラスはすべて黒いと証明できる。

例）リンゴ

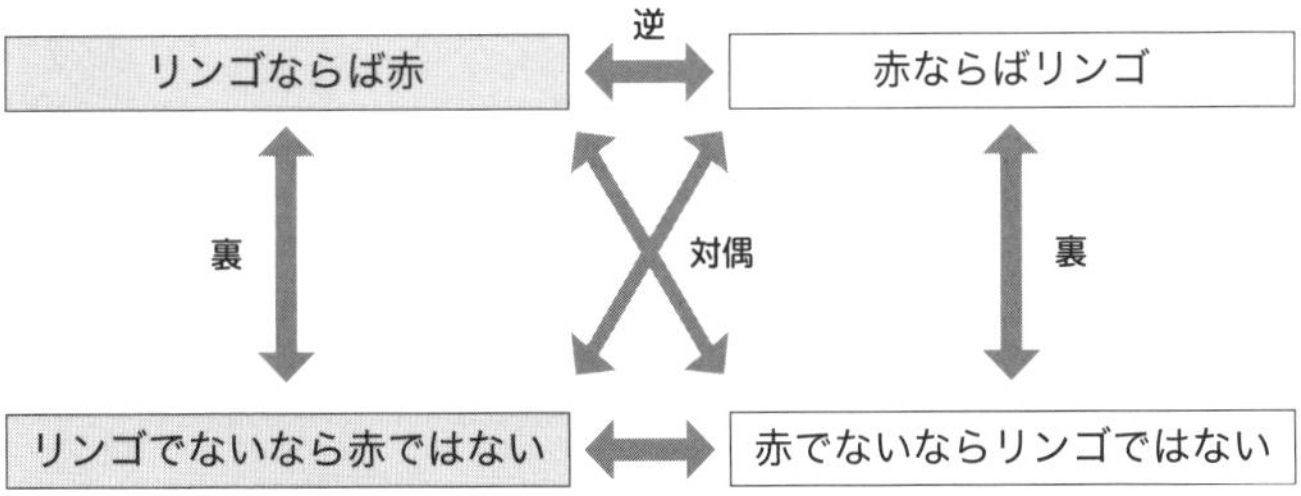

対偶の関係の“真偽”は常に一致する

リンゴならば赤　が証明できれば

赤でないならリンゴではない　も自動で「真」となる

実際は、“青”りんごが存在するためリンゴならば「赤」は偽となる
よって**「赤ならばリンゴでない」も偽となる**

存在しないものについての証明

対象を調べなくても成立する論証は、たとえその対象が存在しなくても、存在を証明できるという危うさを持つ。

命題　幽霊は布をかぶっている

対偶　布をかぶっていなければ、幽霊ではない ➡ 世界中の布をかぶっていないものを調べる ➡ そのなかに幽霊がいなければ、幽霊は布をかぶっていることになる

論理と現実のギャップをどうとらえるかが見えてくる!?

30

EXPERIMENT

誕生日のパラドックス

同じ誕生日の人がいる確率を50％以上にするための人数

直感から起こる勘違い

たった23人でOKの理由

「同じ誕生日の人がいる確率が50％以上になるには、何人集めればよいか？」と聞かれたら、このマンガの女子学生のように、「計算はしていないけれど、なんとなく100人以上が必要」と思ってしまう人が多いでしょう。答えが「23人」と聞いて驚いてしまうのも当然のような気がします。どうしてそう感じてしまうのでしょうか。

マンガに登場する女子学生と委員長が同じ誕生日である確率は……、365分の1です。そこに別のクラスメイトAがやってくると、確率は365分の2と倍になります。こんなペースで3人、4人と増えていくと、確率も3倍、4倍となり、最終的に確率が50％を超えるには、「365分の183」、すなわち183人が必要だということになります。最初に語った「なんとなく100人以上は必要」という感覚は、ここから来ているのです。

しかし、この計算は間違っています。なぜならこれは、最初の女子学生と同じ誕生日の人がいる（同じ誕生日の友だちが現れる）確率を求めているからです。当初求められていたのは、「集団のなかに同じ誕生日の人がいる確率」です。たとえば、委員長とクラスメイトAが同じ誕生日であってもよいわけです。4人になれば、AとB、BとC、AとCが同じであってもよいわけです。こうなると、確率はぐっと上がります。

私たちは、このような問題が出されると、つい、特定の誰かと同じ誕生日の人はいるか、という問題だと勘違いしてしまうものなのです（それは往々にして『自分』である場合も多いようです）。だから、このような間違いが起こるのです（なお、計算が複雑になるため、うるう年は計算に入れず、１年は３６５日として計算しています）。

確率を求める正しい計算方法

それでは、正しい計算式はどうなるのでしょう。誰か１組でも同じ誕生日がいる確率を求めるには、「１（１００％）」から「全員の誕生日がバラバラである確率」を引けばよいのです。たとえば、女子学生と委員長の２人なら、委員長が女子学生の誕生日以外の３６４日のいずれかが誕生日であればよいので、

1－364/365＝1/365≒0.0027…

となります。これが３人となると、３人目が女子学生とも、友だちAとも違う誕生日である確率なので、３６５分の３６３日になり、計算式は

1－（364/365×363/365）

となります。こんな調子で、４人、５人と増えていくと、計算式は

1－（364/365×363/365×362/365×361/365……）

となり、人数が23人となったところで、確率が約０・５０８となり、50％を超えることになるのです。

この問題のように直感と正しい答えが違うことを「誕生日のパラドックス」と呼んでいます。直感で信じ込んでしまったことを、自ら疑うことはなかなか難しいことです。しかし、広い視野で問題を見つめ直すと、実は根本的なところで勘違いしていることがあるかもしれません。

“誰”と同じ誕生日なのか

「23人集まれば、誕生日が同じ2人がいる確率が50%を超える」

という解答に感じる違和感の正体は、直感的な判断が原因。

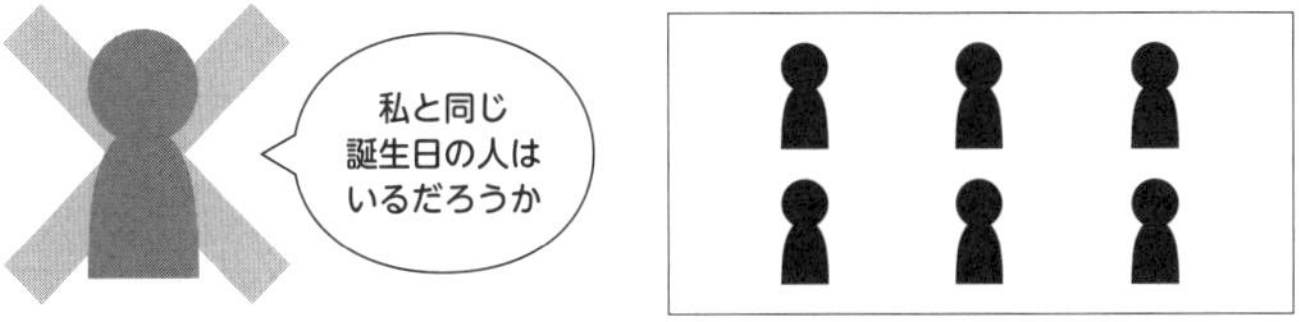

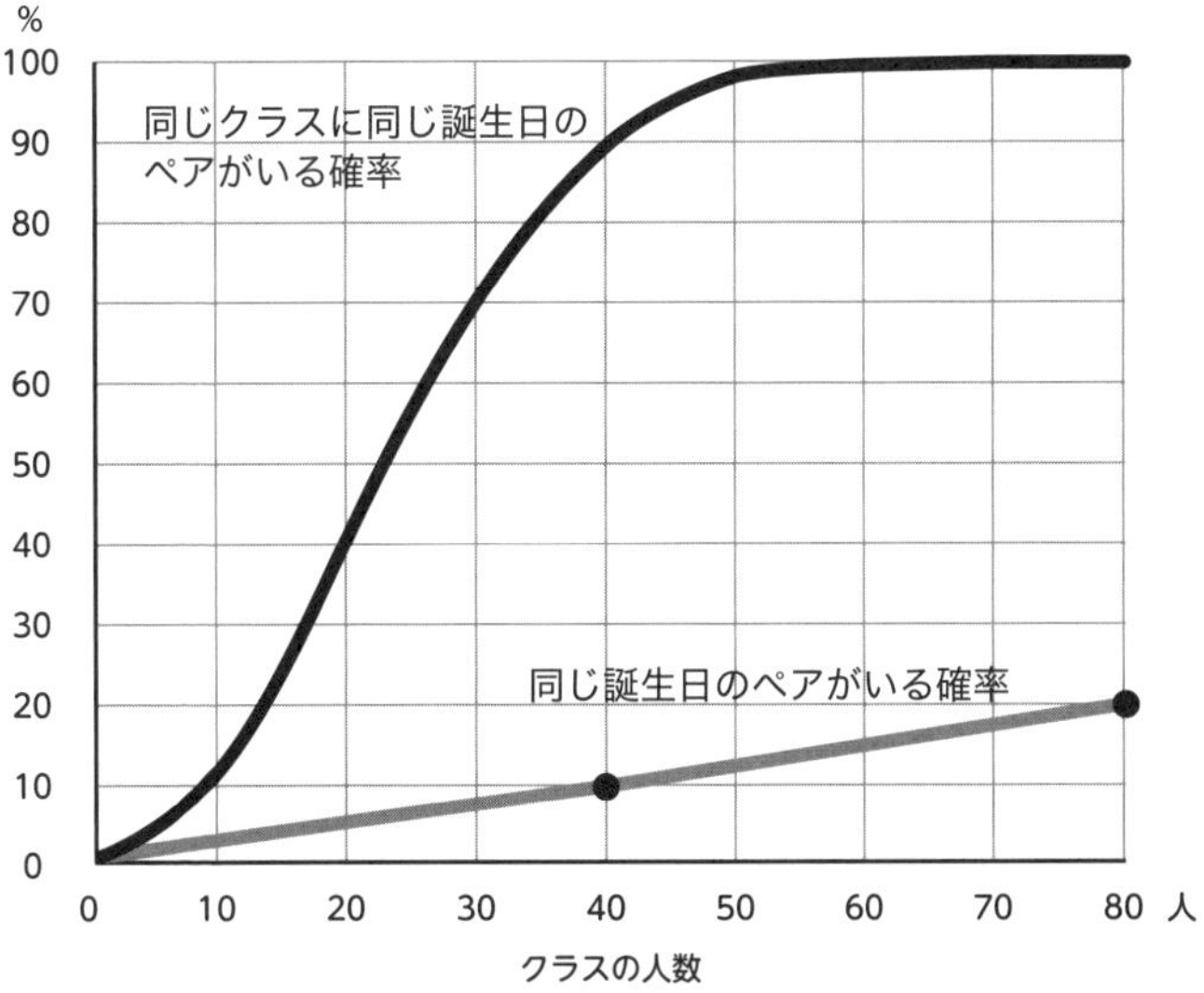

**直感に惑わされる
自分に気づかされる!?**

31

EXPERIMENT

アビリーンのパラドックス

集団のことを思った行動は
みんなを幸せにするのか

集団のための最適行動は？

「KY」「忖度」……、日常にあふれる勘違い

みんながみんな、他人の顔色をうかがって行動していったら、結局、誰も望んでもいない行動をとることになってしまう……、こんな話、日常生活の中でもあふれていそうです。

たとえば、「この焼肉店の名物だから、みんな食べたいだろうとラム肉を大量に注文したが、実はみんなラム肉が苦手で、本音では『もっと牛肉を食べたい』と思っていた……」、そんな話はあちこちに転がっています。「KY《ケイワイ》」とか「忖度《そんたく》」といった言葉が、流行語になってしまう昨今の日本社会では、このような出来事がはびこっているのが現状です。

集団のためを思った行動なのに

この思考実験は、アメリカの経営学者ジェリー・B・ハーヴェイがその著書で語ったことがもとになっています。集団の誰も行きたくはなかった場所である、アメリカ・テキサス州の地名をとって「アビリーンのパラドックス」と呼ばれ、集団思考の一例として取り上げられています。

このマンガでは個々の人間が、集団全体のことを思って行動しているのに、結果として、集団のためにはなっていないという矛盾が起きています。

しばしば、集団においては、誰かが利己的な、すなわち自分勝手な言動をとることによって、調和が乱れ、結果的に集団が思うようなよい方向に向かわない、ということが起こります。しかし、今回の例で

は、すべての集団の構成員が、自分勝手どころか、自分の主張や意見を殺してまで、ほかの構成員、あるいは集団全体のためを思って行動しているのに、結果的に誰のためにもなっていない、むしろ集団は悪い方向に向かっているのです。

あるべき組織の姿を考える

この話を考えたハーヴェイは経営学者でした。確かにこの手の話は、ビジネスの現場でもしばしば見かけることでしょう。

社員のなかに自分勝手な人間、自分の利益しか考えていないような人間はおらず、みんなが他人のため、会社のためによいと思う行動をとろうとしています。それどころか、ときには、言葉として命令されていなくても、「空気」を読んで「きっと上司は、こうしてほしいに違いない」と思って行動することもあります。しかし、その結果、集団が悪い方面に向かうことが、たびたびあるというわけです。

そのような不幸な結果に陥らないよう、とくに経営者や管理職など、集団を統括する立場にある人間は、「他者を想《おも》っての行動が、集団の業績などにマイナスに作用する場合がある」ということを肝に銘じていなければなりません。「常に本音が言い合える風通しのよい組織づくり」、「『あ・うん』の呼吸よりも言葉による伝達を重視する風土の構築」などに励むことが大切になるでしょう。

誰も望んでいない行き先決定

集団としての意見を尊重しすぎた結果、個人としても集団としてもよくない行き先に向かってしまうことがある。

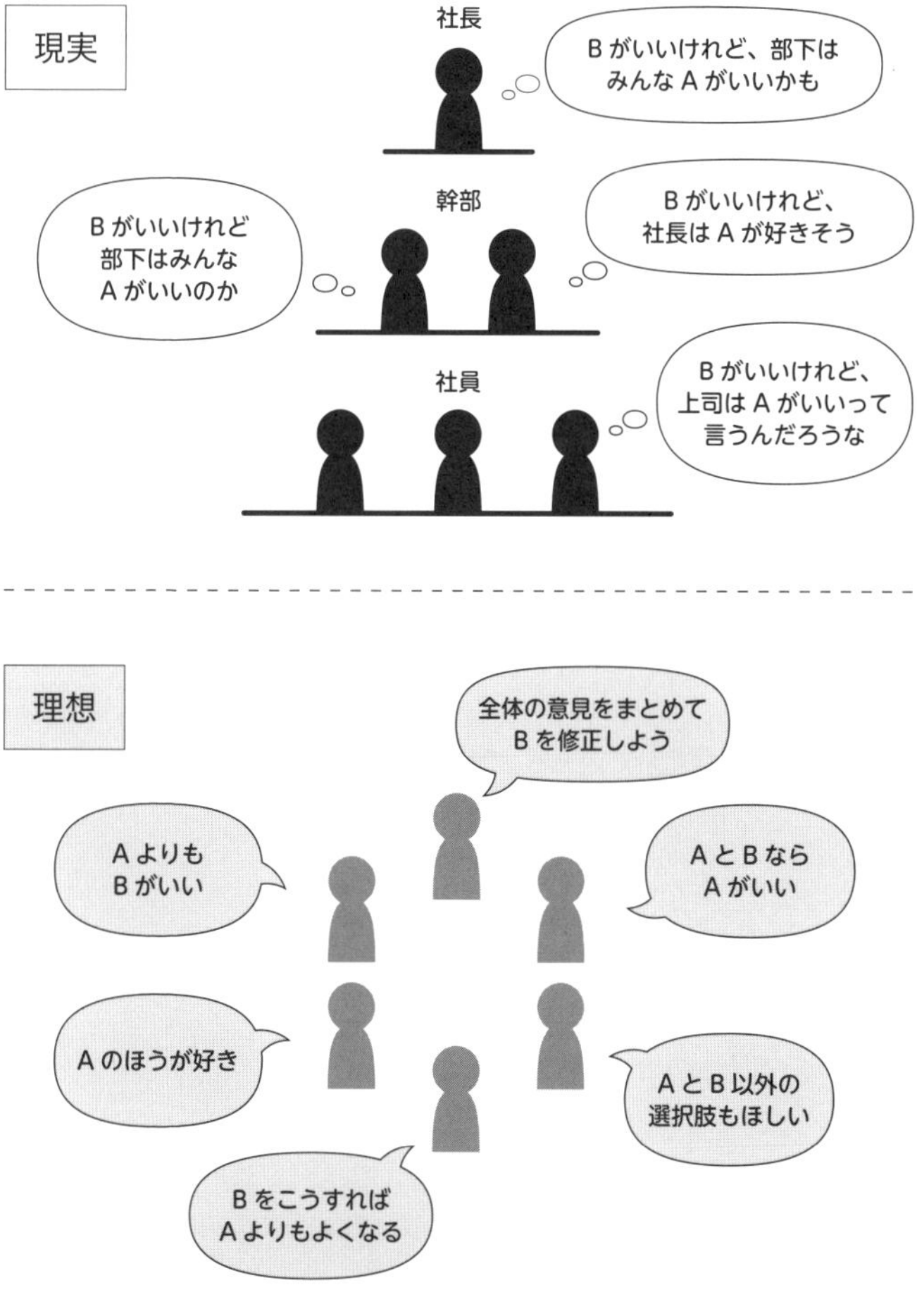

みんなが望んでいることについて考え直すことができる!?

WORD CHECK

対《たい》偶《ぐう》論《ろん》法《ぽう》

「AならばB」の証明

対偶論法とは論理学において、命題を証明するときに使う論法のことです。

「命題」とは、その物事が真であるか偽であるかいずれかの事態を言語化したもので、この命題の「仮定と結論の両方を否定した命題」を「対偶」といいます。

対偶と、もとの命題との真偽は一致します。「AならばB」という命題は、その対偶である「BでないならAではない」が真である場合には真となり、偽である場合には偽となります。

たとえば、「犬ならば哺乳類だ」という命題は、その対偶である「哺乳類でないなら犬ではない」が真であるので真となります。

では、「犬ならばかわいい」という命題ならどうでしょう。一見、正しそうに見えますが、その確証はありません。

この命題の対偶は「かわいくなければ犬ではない」となります。世の中にはかわいいではなく、かっこいい犬や、ちょいブサな犬もいるので、この対偶は偽となります。命題と対偶の真偽は一致するため、「犬ならばかわいい」は誤りとなるのです。

このように「BでないならAでない」を証明することができれば、「AならばB」が証明できたことになります。

関連する思考実験

✓ヘンペルのカラス➡P.150

4章

損得と期待値

BEGINNING 4

利益よりも優先するべきことがある？

▼自分の理性や合理性を疑う

誰でも、可能な限り損失を回避して、多くの利益を得たいと考えているはずです。にもかかわらず、利益を得ようとした結果、損失を出してしまったり、損失だと思っていたことが、実は利益につながっていたりと、計算外のことも多く起きてしまいます。

こうした問題は、「論理的な思考」のみを極めても、なかなか解決できないものです。

私たちには無意識下での思考パターンが存在します。たとえば、得することよりも損することを避けようとしたり、自分よりも他人が得をすることに不快感を抱いたり……。

人間は感情を持った生き物です。そのため、論理的な損得だけでなく、感情的にどう行動、判断するのかを含めて考えなくてはいけませんし、自分は「論理的だ」と思っていても、その裏には感情的な葛藤《かっとう》が潜んでいることもあります。

この章では、「損得」と「感情」を天秤《てんびん》にかけた思考実験も紹介しています。

自分がその状況になったら、どう考えてどのように行動するのか。思考を重ねることで、自分の考え方の要になっている願望や、他人がどのように考えて行動しているのかを炙《あぶ》り出すことができます。

そうすることで、思考前の自分となにかが変わってくるのです。

EXPERIMENT

囚人のジレンマ

「最適な判断」は本当に合理的なのか

容疑者くん
今日は君に
取り引きを
持ちかけに
きたんだ
サッ
君は不法侵入で
懲役2年が
決まっている
しかし、君が
自白してくれたなら
すぐに釈放しよう
ただ、別室にいる君の仲間にも
同じ取り引きをするつもりだ
もしも仲間が自白し
君が自白しなかった場合
彼は釈放するが、君には10年ほど
ブタ箱に入ってもらう
ボクらがやりました!
釈放!
ブタ箱
ヒィ
なかまの
うらみ
ふ、2人が
自白した
場合は?
2人とも
5年ほど入って
もらおう
フキフキ
あと
5年
かぁ……

隔絶が生んだもどかしさ

自白するか、黙秘するか

損得計算についての思考実験です。この「囚人のジレンマ」という話は、少々複雑なので整理しましょう。

とある富豪の家に侵入した2人の泥棒。仮に泥棒Aと泥棒Bとします。黙秘を続ける彼らは、それぞれ富豪からとある取り引きを持ちかけられました。

両方が自白すれば懲役は5年、片方だけが自白した場合、自白したほうは釈放、黙秘したほうは懲役10年、そして両方とも黙秘を続けたら、ともに懲役2年となります。

さて、もし、あなたがこの「泥棒A」であれば、自白と黙秘のどちらを選びますか。ただし、もう1人の泥棒Bと話し合いはできませんし、「刑事や富豪と別の取引をする」とか、「脱獄の計画を立てる」など、その他の行動はとれないものとします。あなたにできることは、自白するか、黙秘を続けるかの2つに1つだけなのです。

合理的な判断はどっち？

単純に考えると、一番刑罰が軽く済むのは、互いに黙秘して懲役2年となることです。ところが、ほとんどの人が自白を選択してしまいます。相手がどうするのかがわからない状況では、自白するほうが合理的な判断といえるからです。

相手が自白した場合、自分も自白すれば、お互いに懲役5年です。しかし、相手が自分を裏切って自白し、自分だけが黙秘を続けた場合は、自分は懲役10年となります。

反対に相手が黙秘を続けた場合、自分が自白すれば釈放。そして、自分も黙秘を続けた場合は懲役2年です。つまり、懲役10年と比較することに限っては、相手が自白した場合でも、黙秘した場合でも、自分は自白を選んだほうが刑罰が軽くなるのです。

理想通りにならないジレンマ

ところが、ここで終わらないのが、「囚人のジレンマ」のおもしろいところです。相手がどちらの行動に出たとしても「自白」したほうが得なのですから、当然もう1人の泥棒Bも、「自白」を選択するでしょう。となると、お互いが得をする懲役5年が最も軽い刑罰、つまり合理的な判断といえます。

しかし、改めて判決の基準を見てみると、懲役5年というのは2番目に重い刑罰です。これは、本当に合理的な判断といえるのでしょうか。

もし、2人の泥棒が自由に話し合えたならば、おそらく、ともに黙秘を続けて懲役2年という刑罰になることを選んだでしょう。ところが、連絡が取れず、相手がどうするかがわからない状態では、相手が黙秘を続けてくれることを期待しても、自分の理想通りになるとは限りません。

お互いが相手を裏切らないという絶対の信頼がない限り、仕方なく次善の策として自白を選んでしまうのです。

このように、両者で話し合いができれば最適な判断ができるのに、話し合いができないために2番目に重い刑を受けざるを得ない……。ここに泥棒たちのジレンマがあるわけです。

実社会に応用するならば…

現実の社会でもこのようなことはしばしば見られます。事前に相談できれば、お互いによりメリットのある解決策を選択できるのだけれど、互いの手の内がわからないため、次善の策をとらざるを得ない、といったパターンです。むしろ、そういった状況のほうが多いでしょう。国際的な外交交渉では、特にそれが顕著かもしれません。

実際には、自分たちだけで利害得失を考えるのではなく、利害関係のある相手とも互いに情報を提供し合ったほうがよい結果を生む、といったことも頻繁《ひんぱん》にあります。

ただ、ここで注意しておきたいことがあります。この思考実験では、取り引きは1回だけの出来事という設定になっていますが、実社会ではこのような選択の機会は、繰り返し訪れます。そうなると、「前回は、自社の利益の最適化だけを考えたために、思ったほどの結果が出せなかった。次回は他社のほうも違った選択をしてくるのではないか」などと考えたり、「今後はもっと他社と緊密に連絡を取るような機会を持つようにしよう」と考えたりすることでしょう。

このように失敗を反省して、よりよい判断ができるようにしていくことこそが、重要なのだといえます。

今回登場した泥棒たちも、5年の刑期を終えたあとで「次は黙秘を貫いて刑期を短くしよう」なんて取り決めをするかもしれません。もっとも、二度と罪を犯さないほうがいいに決まっているのですが……。

懲役早見表

相手が裏切り、自分だけが刑罰を受けるよりも、お互いが裏切り、同じ刑罰を受けることを望む。

		囚人A 自白	囚人A 黙秘
囚人B	自白	A 懲役5年 B 懲役5年	A 懲役10年 B 釈放
囚人B	黙秘	A 釈放 B 懲役10年	A 懲役2年 B 懲役2年

→ 自分だけが損をするよりも2人で同じ程度の損を求める

交渉のプロセス

真の目的を最初からさらけ出すことで、シンプルに素早く目的を達成することができる場合がある。

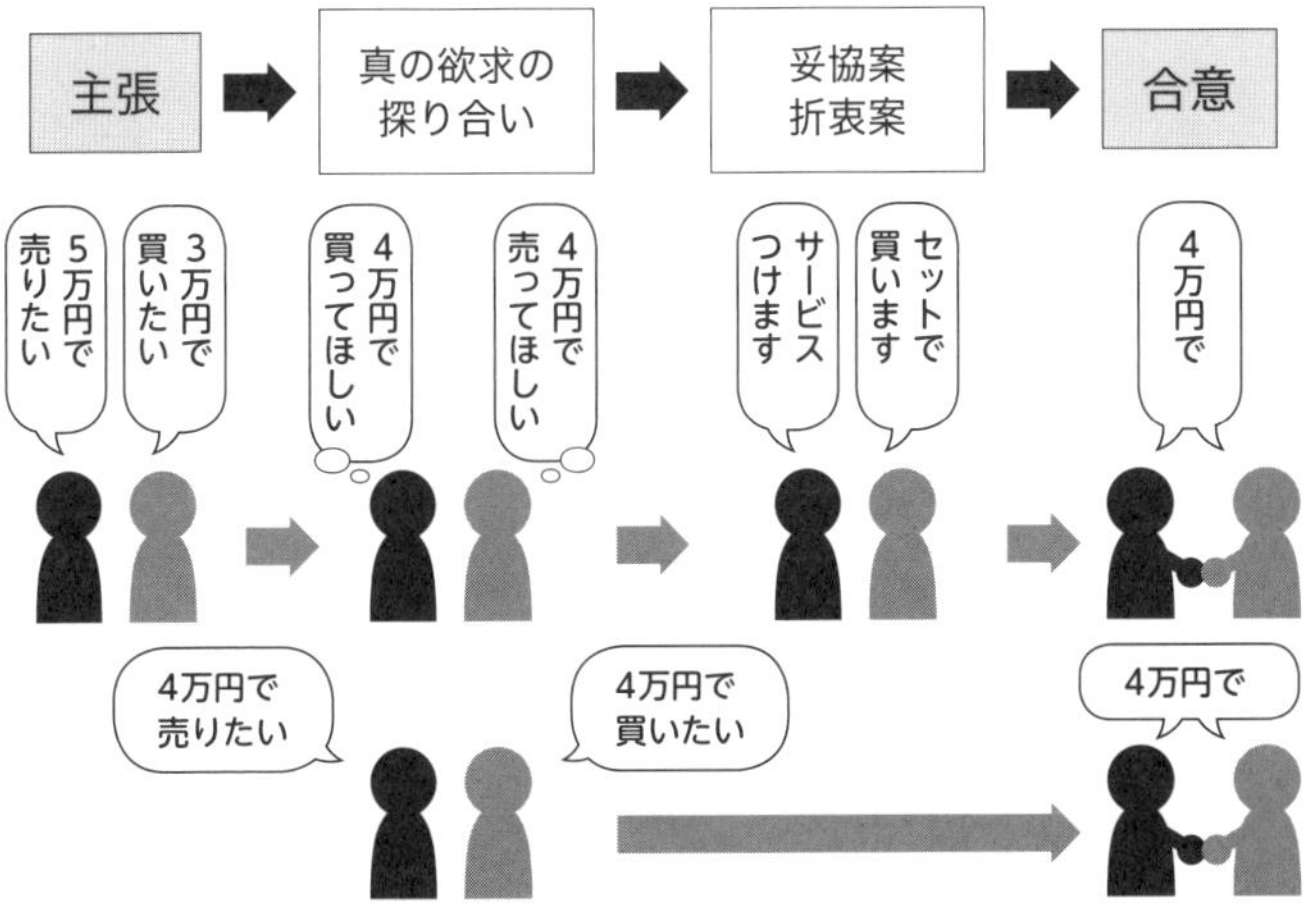

どこまで他人を信頼できる？あなたの人間性が見えてくる!?

EXPERIMENT

最《さい》後《ご》通《つう》牒《ちょう》ゲーム

ただでもらった1万円をどう配分したらよいのか

ここは合理的な考え方を学ぶ合理学校
そして僕はクラスの落ちこぼれ合理的な判断のできない人間だ
きっと今日のテストもひどい点数なんだろうな……
早く合理的になりたい
今からテストを始める2人1組になれ
2人のうち片方に1万円を配るから、もう1人と好きな金額を分け合え
×××円
10000
ドボン
¥0
¥0
配られたほうが金額に納得できれば合意納得できなかった場合は「ドボン」となり、1万円は没収する
公平に5千円ずつ？いや、少しでも利益になるように6千円と4千円で？
俺1円でいいよ
10000
え？
10000
ドボンしたら2人とも0円だ悩んでいる時間がムダ
そんな合理的な判断僕にはできないよ
転校しよう

合理性よりも優先される感情

経済的合理性を用いた選択

一風変わったこのテストは、最後通牒ゲームと呼ばれています。通常ゲームを行う際、プレイヤー同士は事前に面識がなく、ゲーム終了後も、関係を持たないとします。もし、あなたが最初に1万円を受け取ったとしたら、いったいいくらをもう1人に分けるでしょうか。直感的に「ドボンされたくないから公平に半分ずつにしよう」と考える人もいるでしょう。

もし2人がともにより利益を得ることを合理的と考えて行動するのならば、分配の権利を持つほうが9千999円を懐に入れ、相手には1円だけ渡す、というのが正解となるでしょう。それによって、分配するほうは最大の利益が得られるわけですし、受け取るほうにしたって、本来なら1円も手に入らない予定だったのですから、たとえ1円であっても収益が得られるほうが、得なはずです。ここでポイントなのは、与えるほうが持つのは提案権だけで、受け取るほうが持つのは拒否権だけということです。そして、この状況では受け手にとって、拒否権を行使すること自体が、非合理的なのです。

しかし、人間は〝感情の動物〟でもあります。1万円から1円だけを渡されたほうは、おそらく愉快《ゆかい》な気持ちにはならないでしょう。「アイツだって、ただで1万円をもらったくせに、なぜ自分には1円しかくれないんだ！　バカにしている！」と腹を立てる人も多いことでしょう。結果、1円の配分には納得できない、として全額没収を選択する可能性も十分高いといえます。自分を不当に扱った人間が大きな利益を手にするのは我慢できない、という感情もよくわかります。自分の利益をふいにしてでも、相手を道づれにしようという気持ちなのでしょう。つまり、もらえる1円よりも自分が相手に「精神的な勝利」を得るほうが重要だと判断するのです。きっとそのとき、思い切り「どや顔」で全額没収の選択を下すことでしょう。

多くの人は感情を優先する

このように、人は必ずしも経済的な利益の合理性で動くとは限りません。たとえば、日常生活においても「品質がよくて値段が安くても、大嫌いな店主のいるお店ではものは買わない」という人もいるでしょう。

このような人間の行動基準を知ってのことか、それとも「たとえ知らない人であったとしても、ケチだとは思われたくない」という感情が働き、実際にこのゲームを行うと、最初にお金を手にした人は、たいてい2～5割の金額をもう1人に提示することが多いようです。一方、金額を提示される側の人も、2割未満の金額を提示された場合には、受け取らずに全額没収の道を選ぶことが多くなるようです。

最後通牒ゲームのバリエーション

このゲームにはいくつかのバリエーションがあります。マンガではランダムに選んだクラスメイトでしたが、2人がもし、親友ならその人間関係によって、行動パターンに違いが出るかもしれません。部下と上司、親子、恋人……、好きな相手か嫌いな相手かで答えが変わる、もしくは変わらないようでしたら、そこに自分の判断基準がひそんでいるのかもしれません。

1万円をもらった場合の行動

1万円の配分の決定権は分配する側にあるが、最終的な主導権は拒否権を持つ側にある。

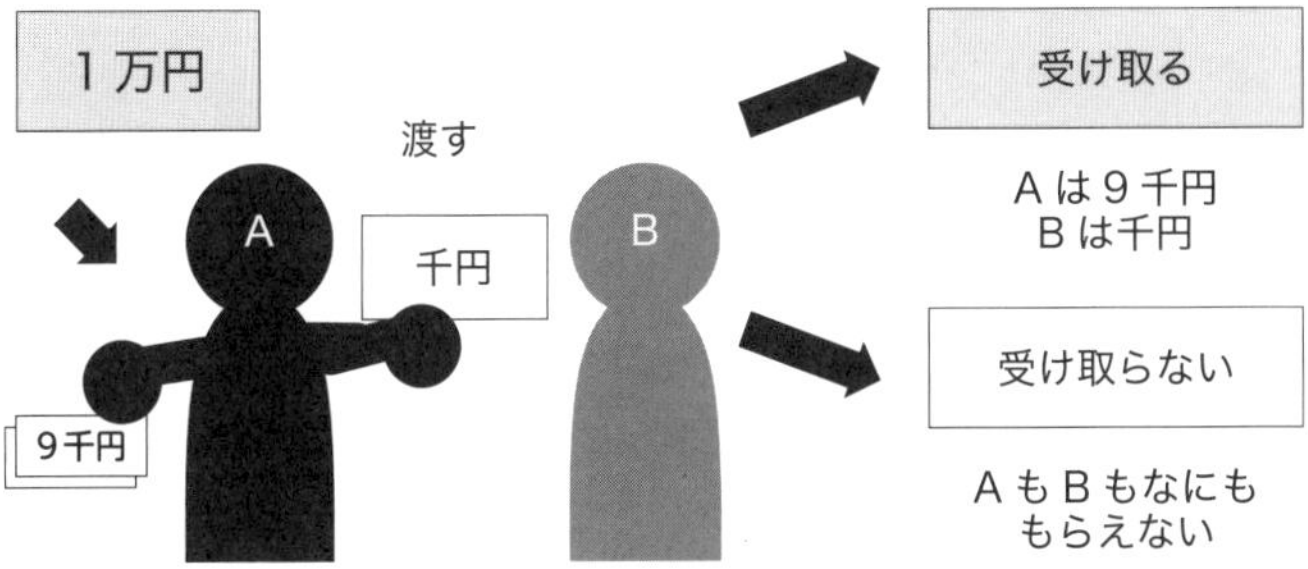

相手との取り分の差

受け取るか、受け取らないかの決定は、配分の差に関する不満の程度に左右される。

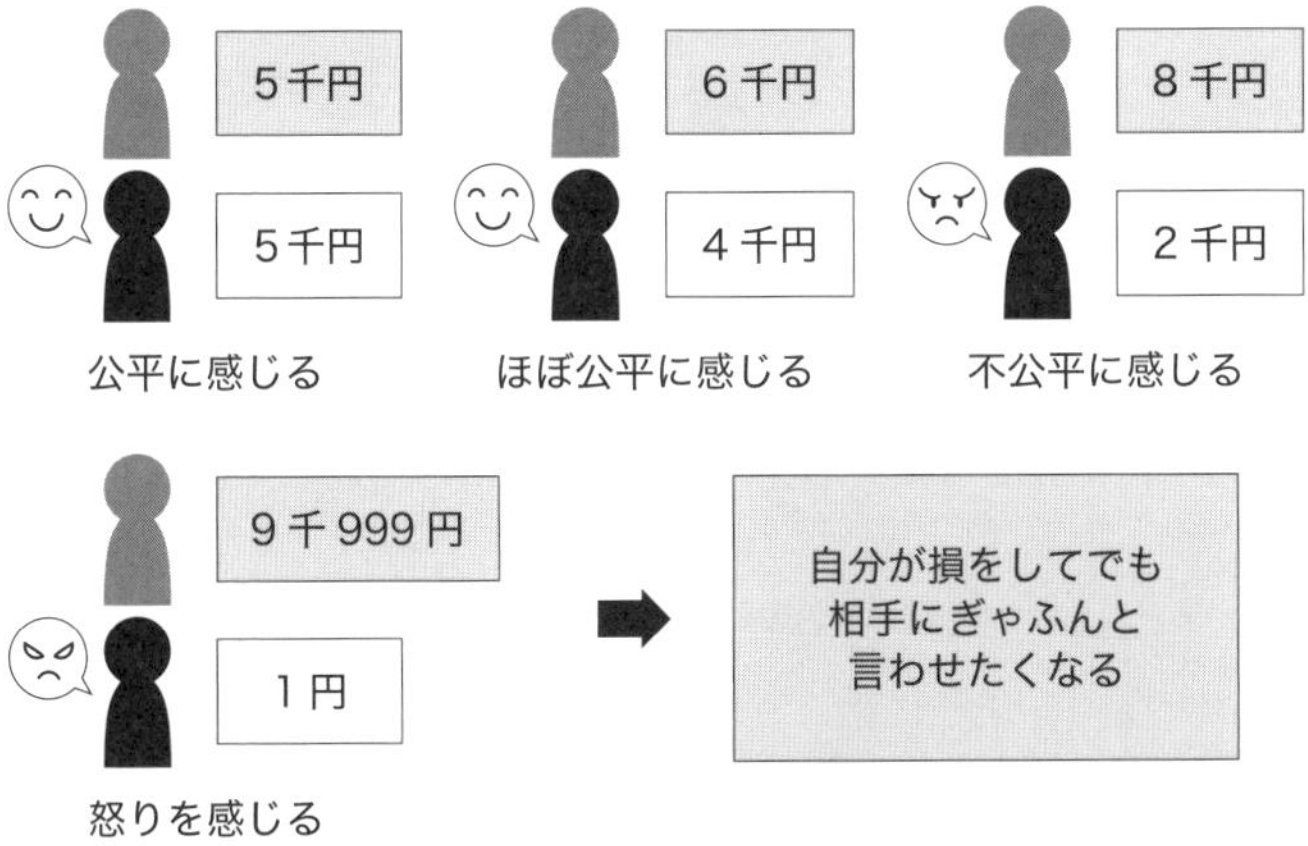

合理的に考えることの
難しさに気づかされる!?

モンティ・ホール問題

直感と計算が異なるとき あなたならどちらを選ぶか

いやいや、もしかしたら
Cじゃないですか？
Cにしたほうがいいですよ？
いやぁ～Cがいいよ
Aはダメですね、うん
必死すぎて
かわいそうになってきた
何人もの敗北者を見た
私から言わせて
もらうと、Cのほうが
おすす×ーです。
ムシャ
ムシャ
ヤギがなんか言い出した
最初はABCの1／3の確率
で選んでいましたが
今はAとCの1／2の確率
つまり、Cを選びなおした
ほうが確率アップです
た、確かに
チラッ
A
B
C
じゃあ
Cにしよう
かな……
Cですね！
パア〇〇〇
やっぱり
Aにします！

自分の直感は信用できない

実際にあった「モンティ・ホール問題」

この思考実験は、実際にアメリカで放送されていたテレビ番組をもとに作られています。この問題は番組の司会者の名前を取って「モンティ・ホール問題」と呼ばれています。簡単に内容を振り返りましょう。

まず、あなたは3つの扉の中から豪華賞品が入っていると思われる扉を直感で選びます。高鳴る胸を抑えながら、ようやく1つの扉を選んだところで、いじわるな司会者が揺さぶりをかけてきます。「その扉でよいですか？　今なら変えられますよ」

そうして司会者は、あなたが選ばなかった2つの扉の中から1つを開けます。その扉は「外れ」です。このとき、正解を知っている司会者は、必ず2つの扉の中から「外れ」のほうを開くことになっています。そして、司会者はほほ笑みを浮かべながら、「さあ、今なら変えられますよ」とあなたに揺さぶりをかけます。さあ、あなたなら、最初に選んだ扉から別の扉に変えるでしょうか。それとも、自分の最初の直感を信じて変えないでしょうか。

変える人と変えない人はどっちが多い？

実際のテレビ番組では、答えを変えない人が多かったようです。最初に自分が選んだ答えが「外れ」ならあきらめもつくが、司会者の口車に乗せられて答えを変え、その結果外れたらくやしくて仕方がない、そんな心理が働いたのでしょう。しかし、その番組を見ていた学者マリリン・ボス・サバントが「答えを変えれば当たる確率は2倍になる」と語ったことから論争に火がつきました。

直感を覆す計算

最初の答えを選んだあと、司会者が外れの扉を1つ開けた時点で、選択肢は2つになります。最初に選んだ扉そのままにするか、決断を変えてもう1つの扉を選ぶかです。そして、2つの扉のうち一方が「当たり」で、一方が「外れ」なわけですから、どちらを選んでも確率は2分の1。だったら、最初に選んだ自分の判断を信じたくなるのもわかります。

多くの人が直感的にこのように考えました。しかし、その計算は間違っています。実際には、サバントのいう通り答えを変えたほうが当たる確率は2倍になります。

理由を簡単に説明しましょう。まず、最初に選んだ扉が豪華賞品の入った「当たり」の扉だったとします。その場合に、答えを変えれば……、もちろん、「外れ」を引くことになります。

逆に最初に選んだ扉が「外れ」だったとしたらどうなるでしょう。残った2つのうち、もう1つの「外れ」の扉は司会者によって開かれていますから、残ったのは「当たり」の扉ということになります。つまり、答えを変えれば必ず「当たり」となるのです。

ということは、すなわち、最初に「当たり」を選んだ人が答えを変えれば必ず「外れ」に、最初に「外れ」を選んだ人は必ず「当たり」ます。

ここで重要なのは、最初に扉を選んだときに、「当たり」を選ぶ確率と「外れ」を選ぶ確率が同じではないということです。最初の段階では3つの扉の中から

1つを選ぶのですから、「当たり」を引き当てる確率は3分の1です。司会者が「今なら変えられますよ」と言ったときには、「当たり」を選んでいる確率（1／3）よりも、「外れ」を選んでいる確率（2／3）のほうが、倍も高いわけです。

さて、ここで、思い出してください。「当たり」を選んでいる人が答えを変えれば必ず「外れ」で、「外れ」を選んでいる人が答えを変えれば必ず「当たり」でした。つまり、最初から「当たり」を選んでいた場合（＝3分の1の確率）は、答えを変えれば「外れ」、「外れ」を選んでいた場合（3分の2の確率）は「当たり」になります。

つまり、答えを変えると、3分の1が「外れ」、3分の2が「当たり」になるわけですから、「当たる確率は倍」になります。

直感と計算では答えが違う？

もっと単純に説明しましょう。最初に直感で「当たり」を引き当てる確率は3分の1でした。そのまま変えなければ、当たる確率は3分の1のままです。たとえ途中で司会者が「外れ」を1つ開示しても、その確率は変わりません。あなたにできるもう1つのことは途中で選択を変えることだけで、いずれかが「当たり」です。そのままで当たる確率が3分の1なのですから、もう1つの行動（選択を変えること）で当たる確率は「1－3分の1」＝「3分の2」となるので、選択を変えたほうが当たる確率は2倍になるのです。

このモンティ・ホール問題は、直感と厳密な確率とに違いが出る好例として有名なのです。それでも直感を信じたいと思うのはなぜでしょうか。

選び直したほうが確率は高い

最初に選んだAの扉は3分の1の確率で当たりだが、選び直したBの扉は2分の1の確率で当たりとなる。

1回目でAの扉を選んだ場合

Aを選んだあとにCが外れと明かされた場合

人の意見を優先させた場合

人は、他人の意見に左右されて損をすると、自分の意思で決定して損をするよりも、強い後悔を感じる。

自分の直感を信じた場合

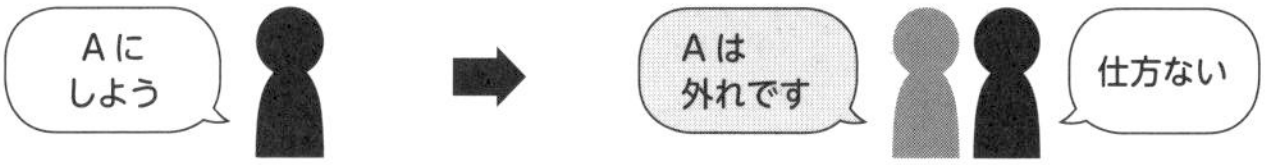

人の意見に左右された場合

重要な事態に直面したときのあなたの冷静さが見えてくる!?

EXPERIMENT

2つの封筒のパラドックス

交換すればするほど期待値が上がるのはなぜか

計算のマジックに惑わされる

2つの封筒と期待値

目の前にお金の入った2つの封筒があります。中身の金額はわかりませんが、どちらかの封筒にはもう1つの封筒の2倍の金額が入っています。さて、今、あなたが封筒を1つ持っているとして、もう1つの封筒と交換したほうがいいでしょうか。それとも、交換しないほうが得でしょうか。

こう聞かれたら、あなたは「そんなの運次第だから。交換したほうが得かどうかなんてわからないよ」と答えるかもしれません。そして、その答えはおそらく正しいでしょう。しかし、それを裏づけるために、マンガのように計算を始めると少々おかしなことになってきます。

2人の計算した期待値とは「起こりうる値の平均値」のことです。金額であれば、「得られると期待してもよい金額」ということになるでしょう。

たとえば、10本のくじがあって、当たり（1万円）が1本だけだったとします。その場合、当たる確率10分の1に1万円をかけた1000円が、このくじの期待値ということになります。くじが1000円未満なら、買ったほうがいいですし、1000円を超える金額なら買わないほうが得ということになります。嘘だと思ったら、10本全部買った場合を計算してみるといいでしょう。

交換すると期待値が高くなる!?

では、この封筒の期待値を計算してみましょう。自分の封筒に入っている金額が1万円だとすると、もう一方に入っているのは2万円か、5000円。確率は2分の1ずつですから、2万円×1／2＋5000円×1／2＝1万2500円。期待値が1万円の1・25倍なので、交換したほうが得となります。だから、マンガでは2人とも交換を申し出たのです。

しかし、変ですね。2人とも交換を申し出ると期待値が上がるなんて……。もし、マジシャンが「もう1回交換してもいいですよ」と提案し、2人とも同様の計算を、もう1回行ったとしたら……。2人は永遠に交換し続けることになりそうです。ではこの計算、いったいなにが間違っているのでしょうか。

そもそも最初に仮定した金額1万円と期待値1万2500円を比較することが間違っているのです。期待値の大小を知りたいのなら、年末ジャンボの期待値とナンバーズの期待値を比較するというように、期待値同士を比較するのが、正しいやり方です。

今回求めた1万2500円というのは、いずれかが1万円であるとしたとき、もう一方の封筒に入っていることが期待される金額（期待値）という意味でしかありません。この場合、自分が持っているほうが1万円だとする仮定が正しくないといえるでしょう。

仮定した金額と期待値の金額が近いから誤解するのかもしれません。仮に2つの封筒の金額の差が1万倍であれば、期待値は5000万円50銭になります。これなら「交換したほうが期待値は5000倍になるから得」といった考えは持たないでしょう。

この実験はモンティ・ホール問題とは逆に、直感のほうが正しく、下手に計算をしてしまうと答えを間違ってしまう例だといえるでしょう。

Aの封筒が1万円と仮定する

Aが2分の1で選んだ封筒の中身を1万円と仮定すると、Bの封筒の中身は1万円の2倍、もしくは1/2となる。

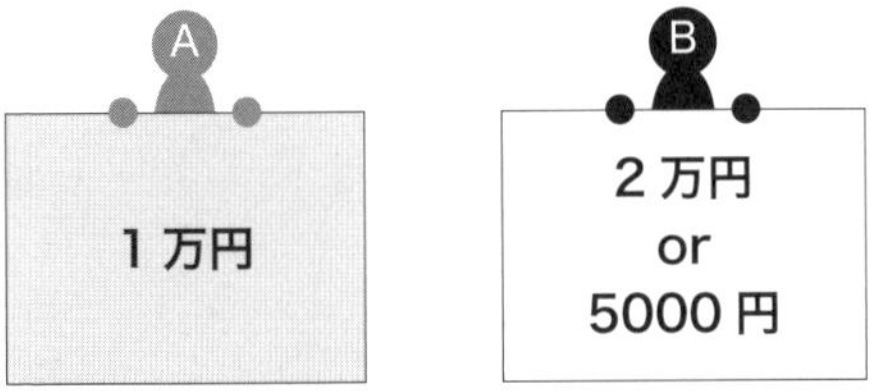

2万円×1/2＋5000円×1/2＝1万2500円

期待値は1.25倍

↓

交換した方が得

AもBも期待値は同じ

Bの封筒を基準に計算した場合、Aと同様にx円（1万円）と仮定する。そのため、期待値はAもBも同じ数値となる。

A	x円	B	2x円 or 1/2x円
B	x円	A	2x円 or 1/2x円

↓

最初に封筒の中身をx円と仮定するのが間違い

あなたが直感と計算のどっちを重視しているか見えてくる!?

EXPERIMENT

ニューカムのパラドックス

どちらを選べば最大の利益を得られるか

合理的な判断はどちら？

半世紀もピリオドが打てない論争

この思考実験は、ウィリアム・ニューカムという学者が1960年代に考えたといわれるものをもとにしています。一見、単純そうでありながら、なかなか明解な解答の出しづらい難問といえそうです。なにしろ、約半世紀にわたり論争が続いているのですから……。

さて、あなたなら、両方の箱を取りますか？　それとも青い箱だけ取りますか？

両方の主張の要

実際にこの問題を提示し、解答をアンケートなどで収集すると、半々に近いくらいの割合で答えが分かれるようです。それぞれなにを根拠にそのような行動を取ることを主張しているのか、順に見てみることにしましょう。

「青い箱だけもらう」と答えた人は、宇宙人の言ったことを素直に受け入れた人です。宇宙人の予知能力が正しければ、青い箱だけもらえば、そのなかには1億円が入っているはず。だから、それをもらうべきだ、という考え方です。

一方で、「両方もらう」を選んだ人の意見には、いくつかのパターンがあります。単純に宇宙人の予知能力を疑い、金額よりも確実性を取った人や、「最初は青い箱だけ取ろうとしたのだけれど、途中で心変わりしてやはり両方取ることにした、とかいうのであれば、宇宙人もそこまでは読めないのではないか」と深く考える人もいるようです。

箱の中身は変えられない

ここで確認しておきたいことがあります。宇宙人に備わっているのは、あくまで予知能力であり、途中で箱の中身を変える能力ではない、ということです。であれば、あなたが箱を選ぼうとするときには、もう箱の中身は決まっているはずです。青い箱の中身は1億円か、空っぽかであって、そのあとのあなたの行動によって、変わったりはしないのです。ならば、両方もらったほうが得だ、という考え方もあります。

「囚人のジレンマ」と同様の手法で考えてみることもできます。もし、青い箱に1億円が入っていたならば、青い箱だけをもらえば1億円の収入、両方取れば1億円と100万円が入手できます。逆に青い箱にないにも入っていなければ、青い箱だけをもらえば収入は0円。両方を取れば少なくとも100万円は入手できます。どちらの場合であっても、両方取ったほうが得になります。だったら、青い箱だけもらうという選択肢はありえないという考え方も成立します。

議論百出の難問

このように、この問題は専門家も含め、さまざまな意見があり、決定的な解決は見出されていません。「そもそも、自分が選択する前に箱の中身が決まっているのであれば、選択など無意味だ。自分に自由意志はないことになる」といった意見もあります。まさに、現在の行動が積み重なった先に未来があるのか、それとも、決まった未来（予知）に向かって行動するのか、という哲学的な問いに行き着いてしまいます。

宇宙人は未来を予知して行動する

宇宙人は「私」の行動を予知して、あらかじめ箱の中身を決定している。もし、予知が外れても箱の中身は変えられない。

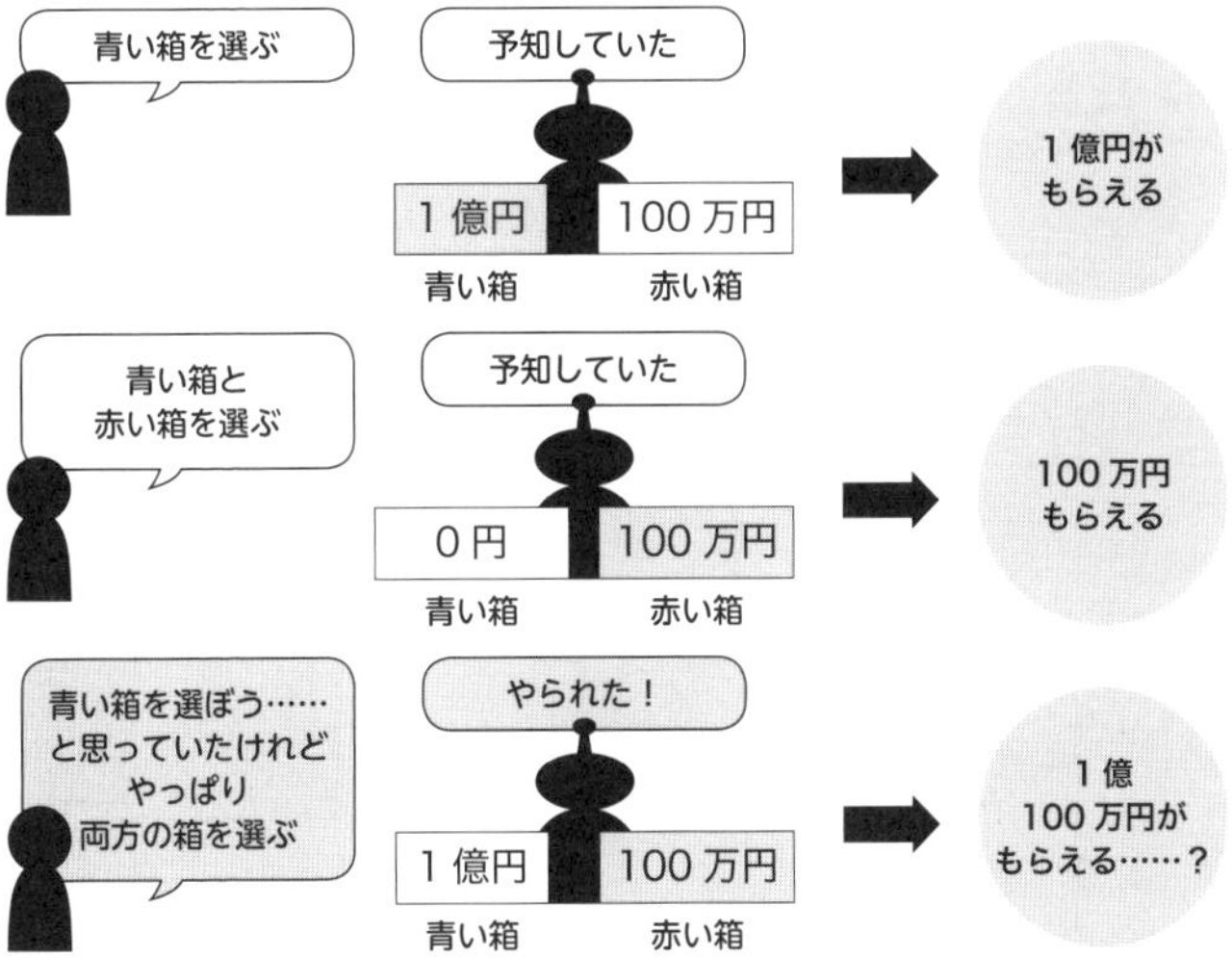

未来は先に決定されている？

自分の行動の結果が未来なのか、それともすでに未来は決定しており、そこに向かって行動しているのか。

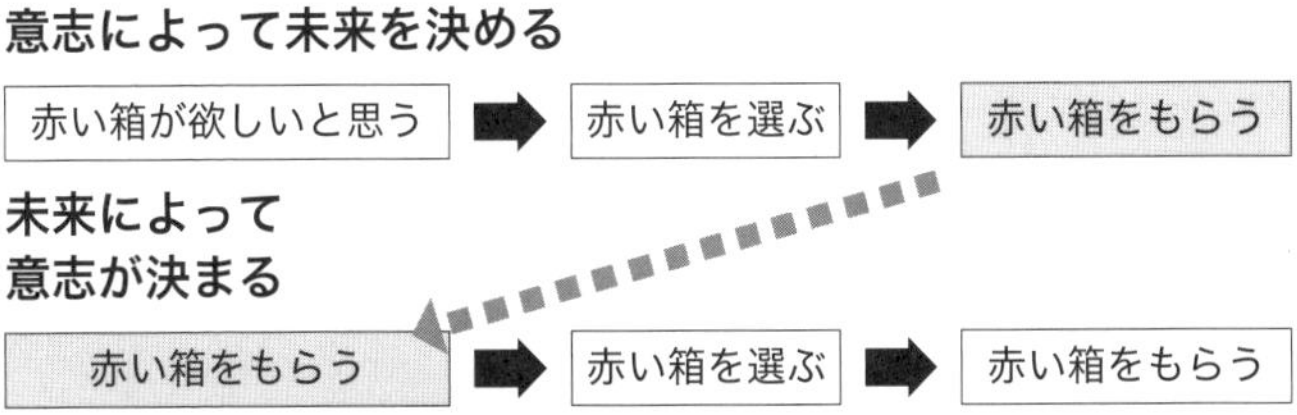

そもそも自由意志はあるのか？
あなたの哲学的な考え方が深まる!?

37

EXPERIMENT

コモンズの悲劇

共有地の資源を守るために必要なルールはあるか

資源の共有は不可能か

自己利益と利益の共有

この思考実験は、「救命ボートの比喩《ひゆ》」の作者でもあるアメリカの生物学者ハーディンが、1960年代に提唱した話をもとにして作られています。このマンガでは、仲間と分け合って使用するはずだった共有地（コモンズ）で、各々が自分の利益を追求し、我先にと争った結果、牧草を食べ尽くしてしまう、という皮肉な最後となってしまいました。

一方で、共有地の一部を買い取った羊飼いは、資源が枯渇《こかつ》しないように管理しています。この思考実験が意味することは、土地などの資源は共用とせず、個人に分け与えて、各々が管理するべき、ということなのでしょうか。

今こそ問われる国際的なルール作り

確かに牧草地などを共有している場合、ぼやぼやしていたり、他人に譲ってばかりいたりすれば、自分の取り分がなくなってしまう恐れもあります。それを防ぐためにはこのように、先を争って牧草を食い尽くすしかないのでしょうか。

たとえば、牧草を食い尽くすことにならないよう、羊飼いたちが少しずつ譲り合ったり、話し合いによって1日に消費する牧草の量を決めたりするのはどうでしょうか。ルールを決めて管理することで、牧草地が枯れることはないかもしれません。

これは単に牧草地だけに関する問題ではありません。世界中にあるさまざまな資源は、ほとんどのものが有限です。野生動物の毛皮や象牙《ぞうげ》など、有限な資源を個々人が目先の利益だけを考えて我先に自分のものにしようとしたがために、絶滅の危機に迫られた動植物もたくさんいます。海洋資源や石油などの化石燃料もまた有限な資源であり、複数の国々や関係者の間で取り合いとなっている場合もあるようです。

このような問題に対して、国際社会は領土や領海、排他的経済水域《はいたてきけいざいすいいき》（EEZ）などを定め、取り合いにならないようにする方法を取っています。土地を買い取った羊飼いの考え方に似ています。また、国連などの国際団体が中心となって、話し合いでルールを定め、資源を枯渇させないように協力していく動きもあります。地球環境を守るために、各国が好き勝手にふるまうことをやめ、温暖化対策などのルールを作ろうとしているのも、このパターンだといえるでしょう。

果たして地球環境という共有地（コモンズ）が守れるのか、今後の世界各国の対応が注目されるところです。

分割するだけでは不十分

この牧草地の問題には、別の論点も隠されています。そもそも多くの羊飼いが我先にと争ったために牧草が食い尽くされてしまったということは、もともとこの牧草地には、それだけの家畜を養うのに必要な資源が足りなかったとも考えられます。であれば、個人に分け与えたとしても、結局すべての羊飼いが貧しい暮らしをすることになるだけかもしれません。そうならないためには「羊飼いと牧草を育てる人で分業する」「みんなで新しい牧草地を開拓する」などの取り組みが必要となるでしょう。こうした働きが、これからの社会に求められているのです。

土地を分割して管理する

個々の判断に任せて行動すると、共有地の資源が枯渇する恐れがあるため、誰かが管理するべきという考え。

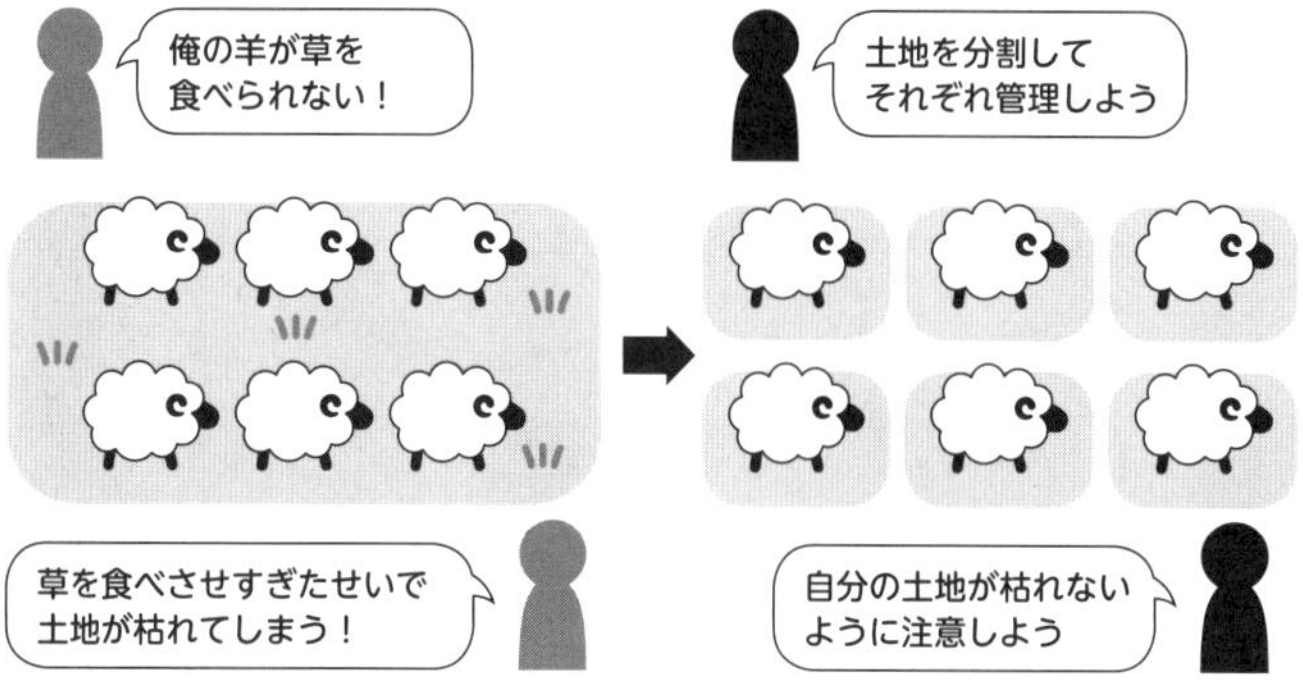

仕事を分割して管理する

限られた資源を枯渇させずに有効利用するためには、ルール作りや役割分担が重要となる。

みんなで生きるためのルールとは？
あなたの国際感覚が見えてくる!?

EXPERIMENT

ギュゲスの指輪

誰からも気づかれなかったら不正をしてもいいのか

不正をしない理由とは？

悪事がバレない不思議な力

プラトンの『国家』という著書に書かれた話がもとになった思考実験です。『国家』に書かれたギュゲスは、魔法の指輪を手に入れると、姿が見えないのをよいことに、自分が仕えていた王の妃《きさき》を寝取り、さらにはその王妃《おうひ》と共謀《きょうぼう》し、王を殺害して王位につきます。他人からは見えなくなるという指輪の不思議な力を利用して、欲望のままに悪事を繰り返したのです。

もしもあなたが、ギュゲスのような力を手に入れたなら、自分の欲求を満たすために、悪事を働きますか。それとも、不正なことはいっさい行わないでしょうか。

不正を働く理由

この思考実験に対する答えは、「(人から見えなくなるという力を持っていない)私たちは、なぜ不正を行わないのか、あるいは不正を行ってはいけないと思っているのか」ということの答えにもつながります。

「欲望のままに悪事を働くに決まっている。どんなに悪いことをしても、自分だとは気づかれず、罪にも問われないのだから」と自分の欲望に正直な人もいるでしょう。この人の考え方に立てば、人が悪事を働かないのは、「悪事がばれたら恥ずかしいから」あるいは「捕まって罪に問われるのが嫌だから」ということになります。「自分だとわからなければ」「罪に問われることがなければ」と悪いことを平気でするのは、匿名《とくめい》性《せい》をよいことに、ネット上で他人の悪口を書いたり、ヘイトスピーチをすることに通じるかもしれません。
彼らの多くは、日常では人の悪口などいわない（善良な）市民である場合も多いようです。

心の問題と社会との契約

もちろん、「自分だと気づかれなくても悪事など働きはしない」という人もいるでしょう。その理由として、「悪事を働けば人に迷惑がかかる」「良心の呵責《かしゃく》にさいなまれる」「心が貧しくなる」などが挙げられます。こうしたネガティブな気持ちで過ごすことは、決して幸せとはいえないでしょう。そのため、悪事を働かない、というものです。以上のような考え方は、宗教的な観点も絡んでおり、西洋では特に顕著です。

別の立場を主張する人もいるでしょう。「自分が悪事を働いたら、他人からひどい仕打ちを受けても、それをとがめることはできなくなる。だから悪事を働かないのだ」という考えです。

現代では、自分の生命や財産などが他者からおびやかされないための仕組みが模索されています。そのために法が作られ、破れば罰が与えられます。悪事を働くということは、その枠組みからはみ出るということです。

自分が他人から盗んだ宝物が、別の人に奪われたとしても、その人を訴えることはできません。法や社会の仕組みに守られるためには、自分もそれらを犯さないということが条件なのです。悪事がバレなければ関係ないという意見もありますが、そのときは甘い蜜を吸っても、いつかバレて強烈なしっぺ返しを食らうかもしれません。その可能性に恐怖して過ごすことが、幸せといえるでしょうか。

不正がバレなければ問題ないのか

不正を行うことが共同体での生活にとって不利益であるのならば、共同体に不正が知られなければ、問題ない？

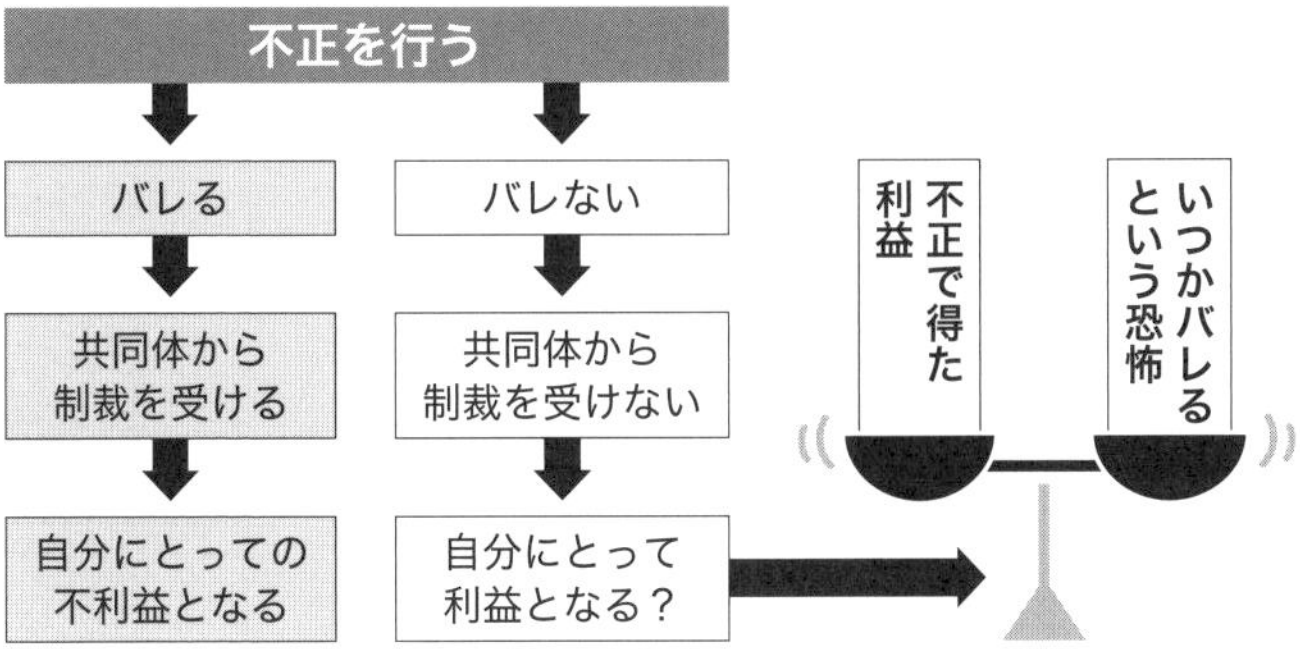

悪事をしない理由はなにに由来するのか

人々は自らの財産を他人に奪われないために、「お互いに奪わない＝不正をしない」というルールで生活している。

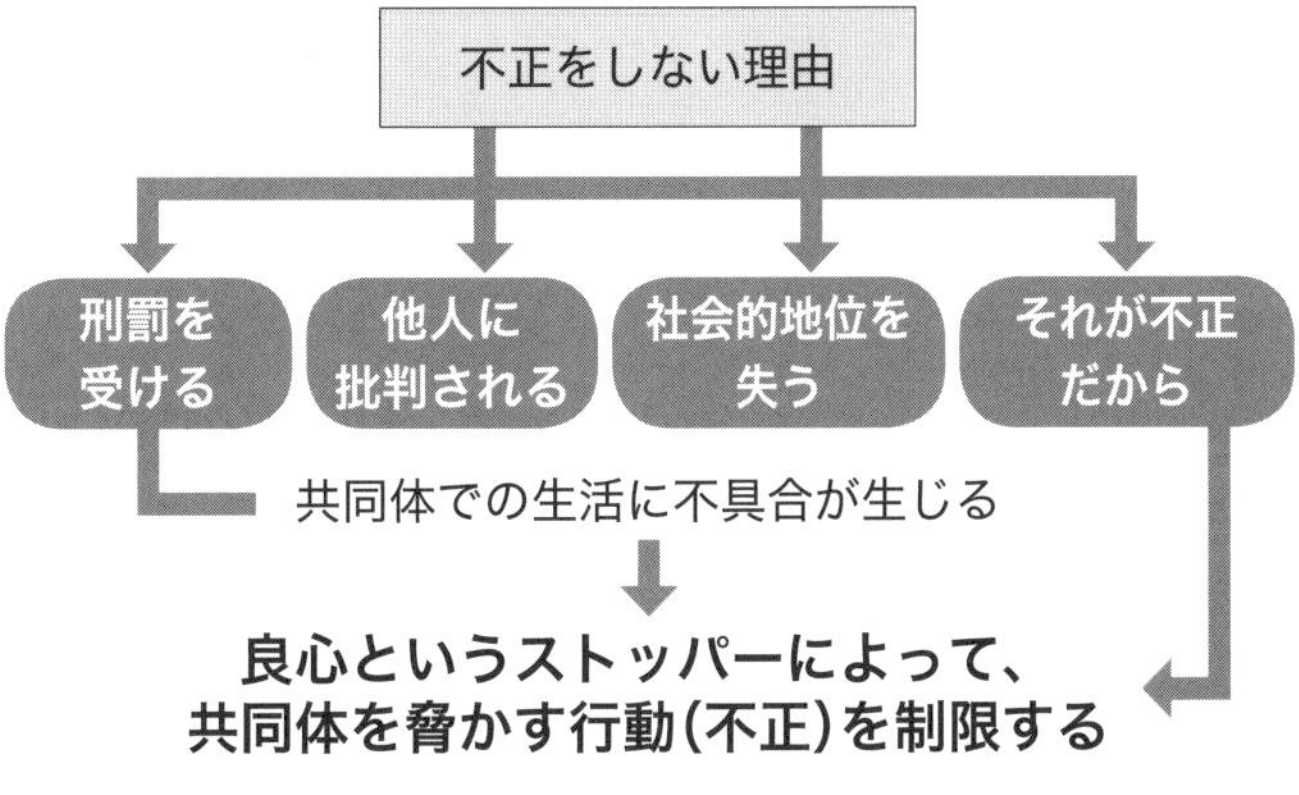

良心 or 自分の利益
あなたの人間性が見えてくる!?

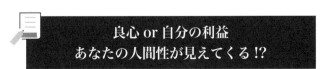

ギャンブラーの誤謬《ごびゅう》

10回連続で表が出たら
次は裏がでるだろうか

思い込みは身を滅ぼす

「次こそ！」を否定する回数と確率の関係

コイントスで10回も連続で表が出たら「次はそろそろ裏が出るに違いない」と多くの人が考えるかもしれません。なにしろ、11回連続で表が出るという確率を計算すると、なんと2048分の1になるのです。とはいえ、10回連続で表が出たからといって、「次に裏が出る確率」が高くなるわけではありません。コイントスは何回やっても、「次に裏（または表）が出る確率」は等しく2分の1なのです。

先ほど、11回連続で表が出るのは、2048分の1というレアな確率だといいました。矛盾していると思うかもしれませんが、そうではありません。なぜなら表が10回続いた後に裏が出る確率、つまり「表表表表表表表表表表裏」という出方もまた、同じ2048分の1という確率だからです。それどころか「裏表表表表裏裏裏表表裏」というバラバラにしか思えない出方であっても、確率は2048分の1、もちろん、規則正しく「表裏表裏表裏表裏表裏表」のような出方をするのも同じ2048分の1という確率となります。

11回コイントスした場合の出方は、2048通りです。全部表なり、表裏交互なり、不規則でバラバラな出方なり、すべての確率が2048分の1になるにすぎないのです。そしてその次に表が出るか、裏が出るかは、常に等しく2分の1の確率なのです。

これはもちろん、マンガに出てくるゲームの「ガチャ」にもあてはまります。レアなキャラクターが出る確率が100分の1だとすれば、はじめてだろうと、100回外れたあとだろうと、次にレアなキャラクターが出る確率は、100分の1で変わりはないのです（ゲーム業者が確率を調節していなければ、の話ですが……）。ですから、ギャンブルもガチャも「そろそろ出るだろう」などとのめり込み、お金をつぎ込みすぎないよう、注意したほうがよさそうです。

「100回引いてるのに……」はおかしい!?

そうはいっても、マンガで弟が述べている「もう100回は引いているのにおかしい」とか、「そろそろ出たっていいはずだろ」とかいう考え方自体は、あながち否定できるものではありません。

1回目でも100回外れたあとでも、次に当たりが出る確率は変わりませんが、1回くじを引いて当たる確率と、100回くじを引いて当たる確率とは同じではありません。100回引けば1回だけよりも、当たる確率は単純に100倍になります。したがって、「(1回では出なくても仕方がないけれども、100回もやっているのだから) そろそろ出るだろう」というのも、間違いとは言い切れないのです。問題なのは、こうした確率論は、ときとして天文学的な試行が必要であるということです。少なくとも10回や100回程度では、正確な数値は測れません。ところが、自分の経験というわずかなデータでも実証されたと勘違いしてしまう……、そこにこの「ギャンブラーの誤謬」の本質があるのです。

どんな目でもレアな数値

「裏裏裏裏裏裏裏裏裏裏表」も「表裏表裏表裏表裏表裏裏」も等しくレアな数値で出る。

裏 裏 裏 裏 裏 裏 裏 裏 裏 裏 表
1/2048 の確率
裏 表 表 裏 表 裏 裏 表 表 裏 裏
1/2048 の確率
表 裏 表 裏 表 裏 表 裏 表 裏 裏
1/2048 の確率

どの並びでも確率は等しい

自分が持つ少ないデータからの判断してしまう

人間は、自分の経験した中でのデータをもとに、誤った推測を出してしまうことが多い。

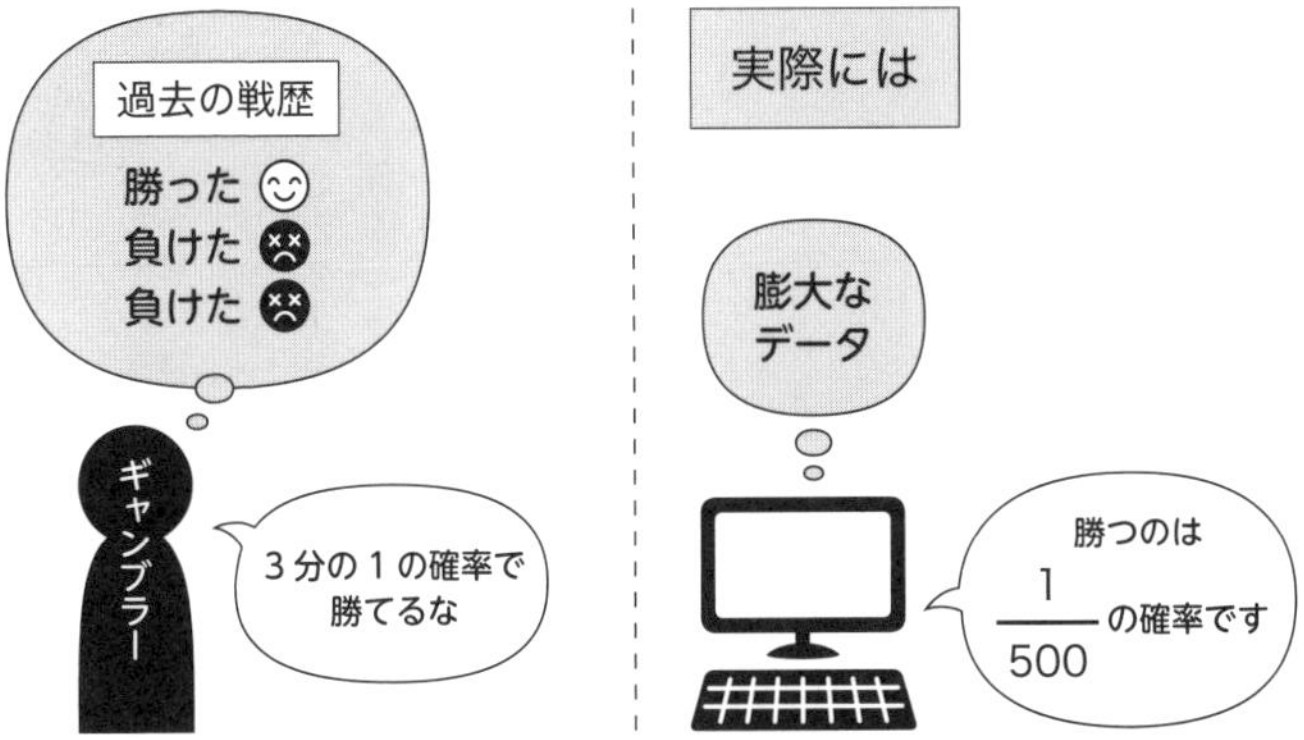
過去の戦歴
勝った
負けた
負けた
ギャンブラー
3分の1の確率で勝てるな
実際には
膨大なデータ
勝つのは 1/500 の確率です

あなたが持つ思い込みに気づかされる!?

ビュリダンのロバ

理性的選択を優先することは常に正しいのだろうか

理性的判断と自由意志

ロバを死なせたビュリダンの主張

14世紀に活躍した哲学者ジャン・ビュリダンの名が冠せられた思考実験ですが、実際にはビュリダンではなく、そのライバルの哲学者がビュリダンの考えを否定するために創作したといわれています。

ビュリダンは、意志は理性がよいと認めない限り、発動しない、といった意味合いのことを述べたとされています。

たとえば、お店に赤い袋に入ったお菓子と青い袋に入ったお菓子が並んで置かれていたとします。どちらも味も量もまったく同じです。この2つの中から「自分は赤が好きだから」と赤い袋のお菓子を選んだとすれば、それは自らの自由意志で選んだといっていいでしょう。

しかし、もし価格が違ったらどうでしょう。赤い袋のお菓子が80円で、青いほうが100円だったら、価格基準での判断になるかもしれません。また、赤いほうが70gで80円、青いほうが85gで100円だったとしたら……。面倒でなければ計算して、お得なほうを買うでしょう。この場合、好きな色のお菓子を買いたいという自由意志ではなく、理性的な選択のほうが優先されたわけです。大雑把《おおざっぱ》にいえば、ビュリタンの思想はこのようなものなのです。

どうしてロバは餓死したのか？

そして、もし、理性的な価値の検討（あるいは知性）が、自由な意志決定より優先されるのであれば、このロバのように、2つのまったく同じものから1つを選ばなければいけないという理性的な選択が難しい局面においては、意志で決定することができず、答えが出るまでなにもできなくなってしまいます。そのため、ロバは餓死《がし》に至るだろう、というわけです。ライバルによるビュリダンに対する強烈な皮肉です。

理性的選択を重視する理由とその限界

それでは、ビュリダンの言い分は間違っているのでしょうか。必ずしもそうではありません。お菓子の例でも見たように、私たちは基本的には、理性的な選択を重視して行動することが多いからです。

正しい選択をすれば、なにかしら得をしたり、精神的な満足感が得られたりします。誤った判断をしてしまえば、自分が損をしてしまうか、そうでなくても後悔の念が強くよぎるでしょう。誰でも「後悔」するのは嫌なものです。そう考えていくと、人は理性的な選択（判断）を優先させるものだ、という考え方も正しいのです。

ただし、このロバのように極端に理性的な判断を優先させてしまう、いわゆる「考えすぎ」がよい結果を生まないというのも事実でしょう。このような場合は、コイントスでもして、右へ行くか左へ行くか決めてしまうほうがかしこい選択といえます。

なにか大事な決断に迫られたとき、しかもちょっと考えただけでは賢明な判断を下すのが難しいときは、まじないや占いなどに頼ることも、あながち間違いではないのでしょう。

自由意志と理性的な価値

値段や重量、味、品質などの理性的な価値が検討された後、好みや偶然などの自由意志について検討される。

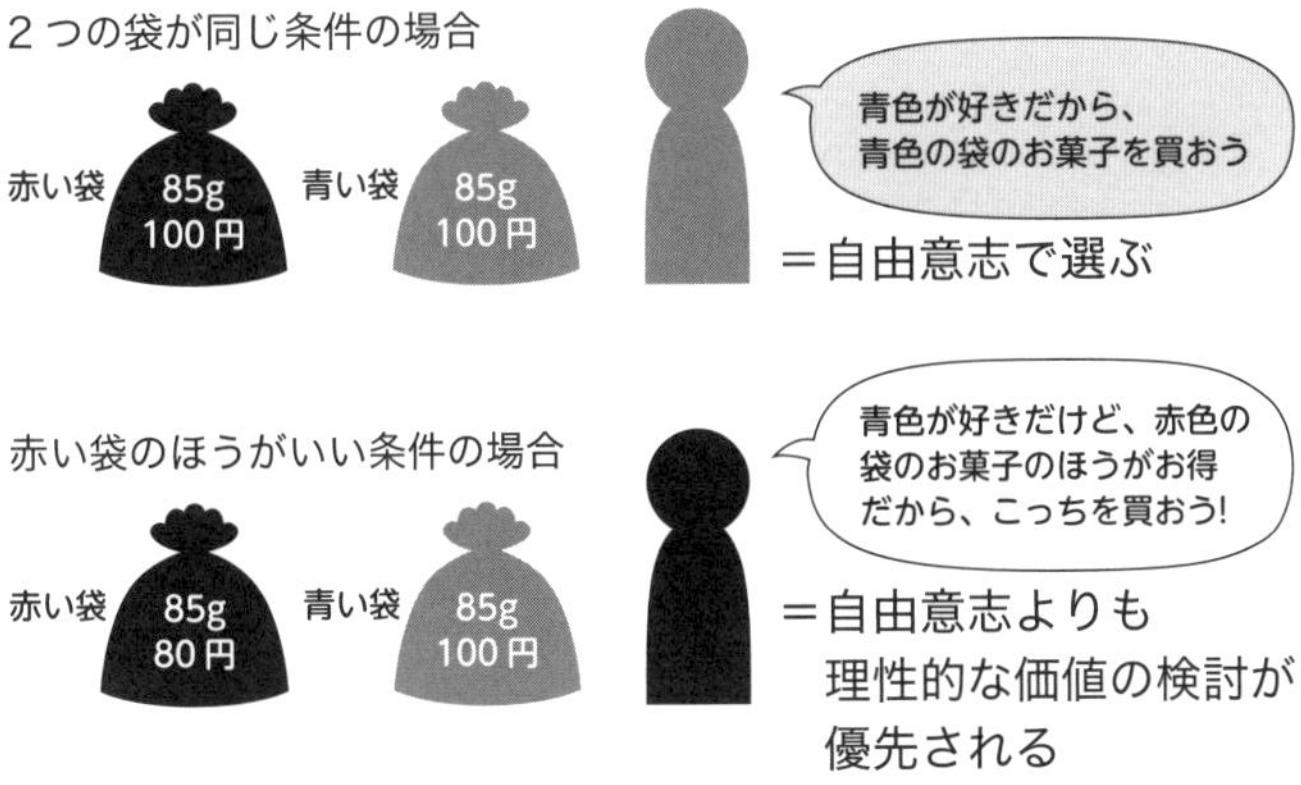
2つの袋が同じ条件の場合
赤い袋 85g 100円
青い袋 85g 100円
青色が好きだから、
青色の袋のお菓子を買おう
＝自由意志で選ぶ
赤い袋のほうがいい条件の場合
赤い袋 85g 80円
青い袋 85g 100円
青色が好きだけど、赤色の袋のお菓子のほうがお得だから、こっちを買おう!
＝自由意志よりも
理性的な価値の検討が
優先される

ビュリダンの問題点

まったく同じ条件の場合、理性的な価値観が検討できずに、いつまでも次のプロセスに移行できない。

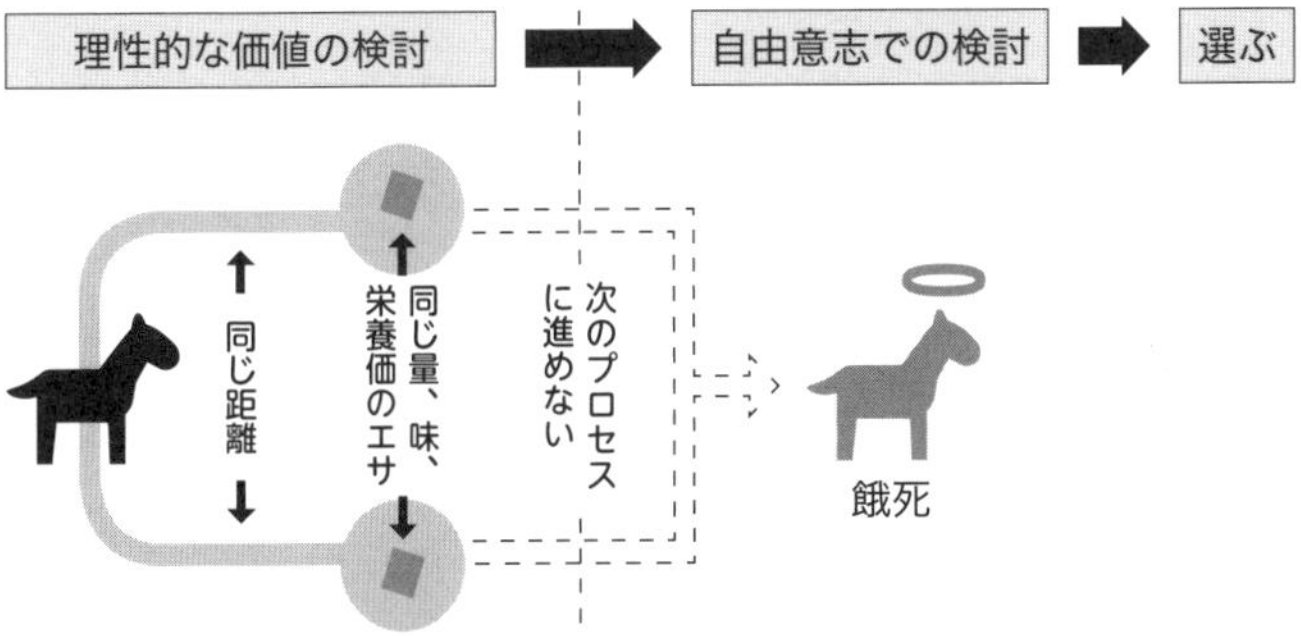
理性的な価値の検討
自由意志での検討
選ぶ
同じ距離
同じ量、味、栄養価のエサ
次のプロセスに進めない
餓死

自由意志と理性の関係について
あなたの哲学的思考が見えてくる!?

WORD CHECK

自由意志

私の意志は自由なのか

ビュリダンのロバの例からわかることは、人間には自由な意志が必要であるということでした。

私たちが普段さまざまな活動をするとき、意志→行為という流れで行います。この最初の「意志」が自由であるかどうかが問題なのです。

自由意志論と対立しているのが、決定論です。決定論とは、すべての事象は過去現在未来にかかわらず、すでに決定されているという考え方です。手に持っているフォークから手を離せば、フォークは床に落ちます。それは、万有引力という自然法則によってフォークから手を離す前から決定されています。もし、決定論が成り立つならば、意志は、未来に関わる決定によってコントロールされたものであり、自由ではないということになるのです。

また、科学的な観点から意志が自由ではないという主張もあります。近年では脳科学の発達により、私たちの行動や選択は、すべて脳による電気信号によって決められていることがわかってきました。つまり、脳が心をコントロールしているのであれば、それは自由意志とみなせない、という考え方です。

関連する思考実験

✓ビュリダンのロバ➡P.202

5章

人工知能と近未来

新しい技術には新しい倫理が必要か？

▼既存の価値観と新しいルールを疑う

人工知能やバーチャル世界、クローン技術……。SF世界の夢物語だったあれこれが、科学技術の発展により、さらに身近なものになってきました。

新しい技術の実用化のためには、それに伴う新しい倫理が必要になります。その倫理を作るために必要なのが、思考実験によるシミュレートです。

社会的な行動を律する規範やルールを新しく定めるのは、簡単なことではありません。私たちは個々に違う考えを持ちますし、時代や国・地域によっても価値観は大きく異なります。

現行のルールでさえ再検討を繰り返している昨今の社会で、

誰もが納得できる新しいルールを作るということは、おそらく不可能でしょう。

それでも、私たちは技術の実用化のために、ルールを定めなければなりません。そのためには、考えうる限りのさまざまなケースを想定し、繰り返し検証することが必要となります。

優先するべきことは、数の論理か、個人の自由か。公平性か、社会の安定か。そのルールは誰がどのように決めるべきなのか……。思考は何度も繰り返さなければなりません。

多様な考え方や視点があることを知ったうえで、議論を重ねる。これからの時代、新しい技術を扱う私たちにとって、最も必要なこととなるでしょう。

犯罪予防

犯罪の芽を未然に摘《つ》み取るのは果たしていいことなのか

嘘だ！ 俺がそんなかっこ悪いことするはずがない！
「ハンザイ・フセーグくん」が導入されてから犯罪件数は0だ間違うことはない！
でも俺はまだなにもしていないのに……
犯罪が起きてからでは遅いのだ！
被害者は出ないし お前だって刑罰を受けることはない
やるいことをしてはいけません
たった、数カ月の更正プログラムだけで済むんだ
数カ月も拘束されるってことか？
明日はユキコ！ 明後日はユカ！ 来週はレイコとデートなのに！
イラッ
前科がついて人生がつぶれるよりマシだろうおとなしくしろ！
そこの警察官！ お前を逮捕する！
お前はこのあと仕事のストレスで全裸で町中を走り回ると予知がでた！
エッ

事前逮捕は是か？ 非か？

犯罪件数０のシステム

人工知能による犯罪防止システムに関する思考実験です。もし、人工知能が発展し、「罪を犯しそうな人間」が事前にわかるようになったとしたら……。該当する人が罪を起こす前に逮捕し、更生プログラムを受けさせるといった制度を設けることは、果たしてよいことだといえるでしょうか。

こうした思考実験はたびたびフィクションの世界のテーマとなります。たとえば、トム・クルーズ主演の映画『マイノリティ・リポート』でもよく似た社会制度が描かれています。こちらは人工知能ではなく、予知能力者が犯罪を予知し、事前に犯人となる人間を捕まえる、という未来社会が舞台です。

事前逮捕制度のメリットとデメリット

この社会制度を導入するメリットを考えてみましょう。まずは犯罪件数の減少が挙げられます。罪を犯しそうな人は、かたっぱしから逮捕してしまうわけですから、犯罪件数が減るのも当然といえば当然です。それ自体は、とても大きなメリットだといえます。逮捕された人にとっても、実際に罪を犯した場合よりも刑罰が軽く済むわけですから、マンガの中の警察の言うことももっともでしょう。

しかし、まだ罪を犯していないのに逮捕され、強制的に更生プログラムを受けさせられる立場になってみれば、とても納得はいかないことでしょう。すでに犯罪計画を練っていたならば話は別ですが、そうではなく、逮捕されたときには犯罪を起こそうだなんて微塵《みじん》も考えていなかったのであれば、「人工知能なんかが、本当に自分の未来を予測できるのか？」という疑問や怒りが湧くのも仕方ありません。

「罪を犯していない人の自由を奪う権利など誰にもない」という主張もあるでしょう。安全な社会を優先するのか、個人の自由を優先するのか、という点でも議論が必要です。

実現される「犯罪予防」の世界

人工知能が未来を予想するだなんて、まだまだ実現しそうにないことを今から議論しても仕方がない……。そう考える人もいるかもしれません。しかし、似たような事例はすぐそばに潜んでいるのです。

たとえば、日本の国会で議論が交わされたのが記憶に新しい「共謀罪《きょうぼうざい》」を見てみましょう。「共謀罪」は、重大な犯罪行為を共謀した場合、実際に犯罪を起こさなくても罰することができるという法案です。罪を犯していない人を逮捕する、という点では「犯罪予防」と似ています。

この法案には反対意見が強く、何度も廃案に追い込まれました。しかし、政府は2017年、この考え方を一部修正、共謀しただけでなく、実際にグループの誰かが準備行為を行った場合にのみ、関係者全員を処罰できるという「テロ等準備罪」に関する法案を成立させました。

この法案を通すために、政府は「一般の人が対象になることはない」「なにもしていない場合は対象にならず、実際に準備を行った場合にのみ逮捕する」ということを強調しました。それでも、多くの人々が反対しました。

その理由として、罪を犯していない人を逮捕することへの抵抗、そして「なにを持って共謀とみなすのか」という点が曖昧《あいまい》であることが挙げられます。

人工知能の判断は本当に「正しい」のか

この事前逮捕制度の一番の問題は冤罪《えんざい》、もしくは誤認によって、罪を犯していない人が逮捕されるということが起こり得るのか、ということです。そして、それが「犯罪予防」のデメリットともなるのです。

人工知能の判断が100%正しいと説明されても、まだ起こっていない犯罪に対して、どうやってそれを証明することができるのでしょうか。

もしかしたら、1万回に1度くらいの頻度で誤りがあるかもしれません。また、相手を凶悪なテロリストだと知らずに、テロを起こす場所へ道案内しただけで「共犯」と認識されてしまうかもしれません。これでは「なにもしていなければ対象にならない」という前提が崩れてしまいますし、「自分にそのつもりがなくても、人工知能にそう判断されてしまうかもしれない」という恐怖から、行動や言論が制限されてしまう可能性もあります。

その一方で「圧倒的に犯罪が少ない社会になるのであれば、多少の犠牲はやむを得ないのではないか」という意見もあります。どちらがより生きやすい世界でしょうか。あなたはどう考えますか。

被害を出す前の対処法

予知によって未来の犯罪を防ぐことができれば、加害者も被害者も存在しない平和な社会となる。

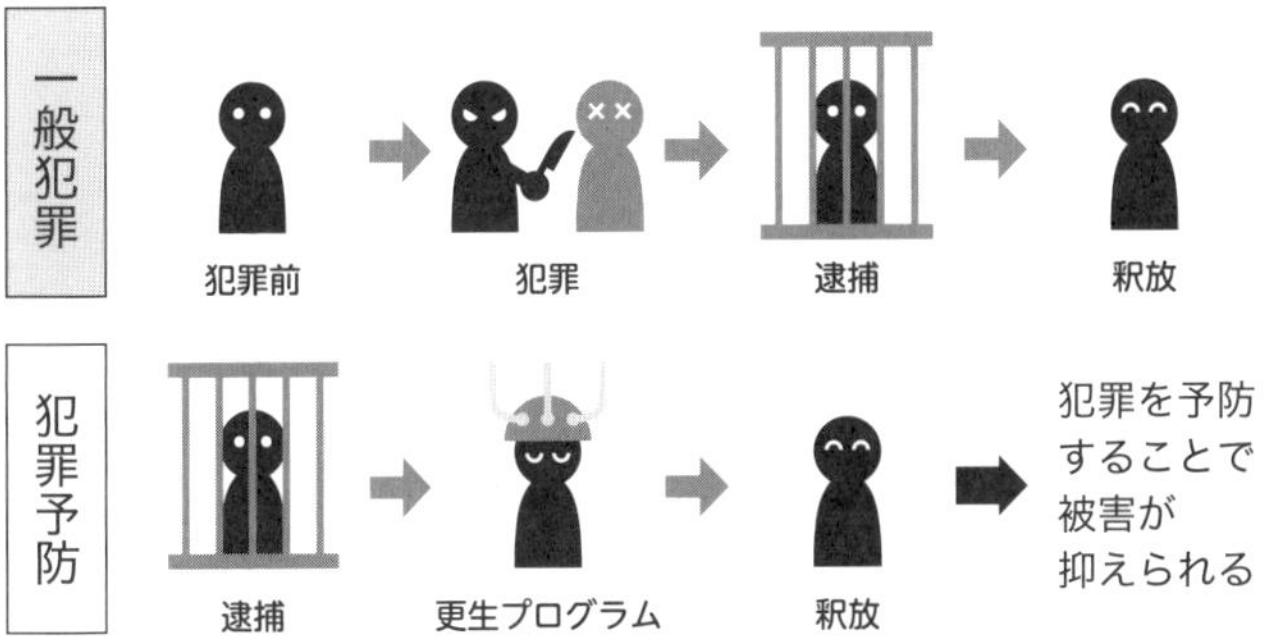

行動や言動を制限するデメリット

多数の平和のために、誤認逮捕や冤罪《えんざい》をよしとした場合、言動や行動に制限がかかる可能性がある。

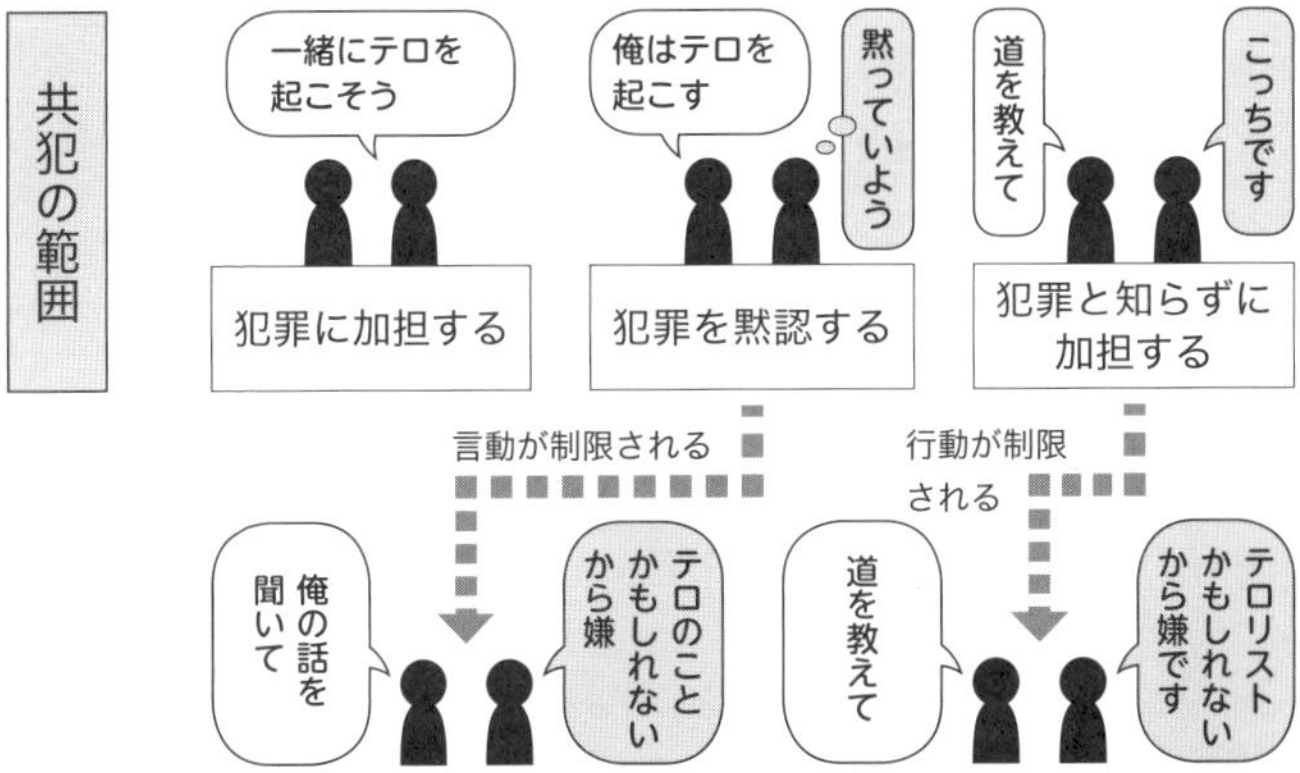

自由か安心か
暮らしたい社会像が見えてくる!?

職業選択

人工知能が決めた「最適」で幸せになれるだろうか

社会の生産性と個人の自由

適性による職業選択の強制

人工知能によって、自分に最適な職業が選択される未来を描いた思考実験です。それぞれの人が、「最適」な職業につくことで、社会全体の生産性は上がります。しかし、職業選択の自由はなくなります。

誰だって自分の希望する職業につきたいもの。かつて身分によって職業が制限される時代がありましたが、人々はこうした旧制度と戦い、「職業選択の自由」を手に入れました。しかし、今度は「適性」によって職業が制限されてしまうのです。

全体の生産性のために個人の自由が阻害《そがい》される世界……。まさに「公的な利益」と「個人の自由」、どちらを優先するのか、という議論に当てはまります。

自分が最も輝ける場所

「自分の実力や才能をもっとも発揮できる職業」といえば聞こえはいいですが、どんなに素質があっても、好きになれなかったり、やる気が出なかったりしたら、実力を発揮できるとは限りません。一方で、職業には「適性」もなくてはならない要素です。

現実の社会でも、「好きな職業についたのに、実際に経験してみると予想と違ったところが多く、結局すぐに転職してしまった」、または、「希望した職種につけず、仕方なく入った会社の仕事が、やっていくうちにおもしろくなり、今では『天職』といえるくらいにまでなった」なんて例があります。適性で職業が強制されるこの制度には、適職につくまでの「無駄な時間や労力」を省くという面もあるのです。また、「公的利益」に奉仕できているという状況は、自分は輝いているという実感にもつながっていそうです。

「好き」なことは余暇でするべきか

もちろん職業を強制されることに対して抵抗はあるでしょう。しかし、人工知能が決めつけるのは「職業」だけで、余暇《よか》の活動については寛容です。

マンガの主人公は、職業としての画家にはなれませんが、趣味で絵を描くことは禁じられていません。もっとも、本来ならば絵を描くことに費やしたい時間が幾分《いくぶん》かは奪われてはいますが、ピアニストとして活躍しながらであれば、好きな絵を描き続けてもいいわけです。

実際のところ、現実世界でも絵描きを続けたいが、それだけでは食べていけないので、昼間は別の仕事をしている、という人だっています。それならば、職業は人工知能の選択に任せ、自分がやりたいことは「趣味」として余暇時間に回してしまえばいいのです。それさえも禁じられてしまえば、意志のある人間ではなく、ただの産業用ロボットと同じですから。

こうして考えてみると「個人」としても有利な制度に思えてきます。しかし、肝心なのは、そうでない人もいるということです。

どんなに貧しい生活だとしても1日中、絵を描いていたい、という人もいます。たとえ夢半ばで挫折しても、その経験があったからこそ、成長できたという人もいるでしょう。非効率的であったとしても、「夢をあきらめない自由」と「夢をあきらめる自由」という「個人の自由」は持っていたいものです。

才能を強制的に活かす環境

職業の選択を制限することによる自己の我慢と引き換えに、公共の幸福や利益を求める。

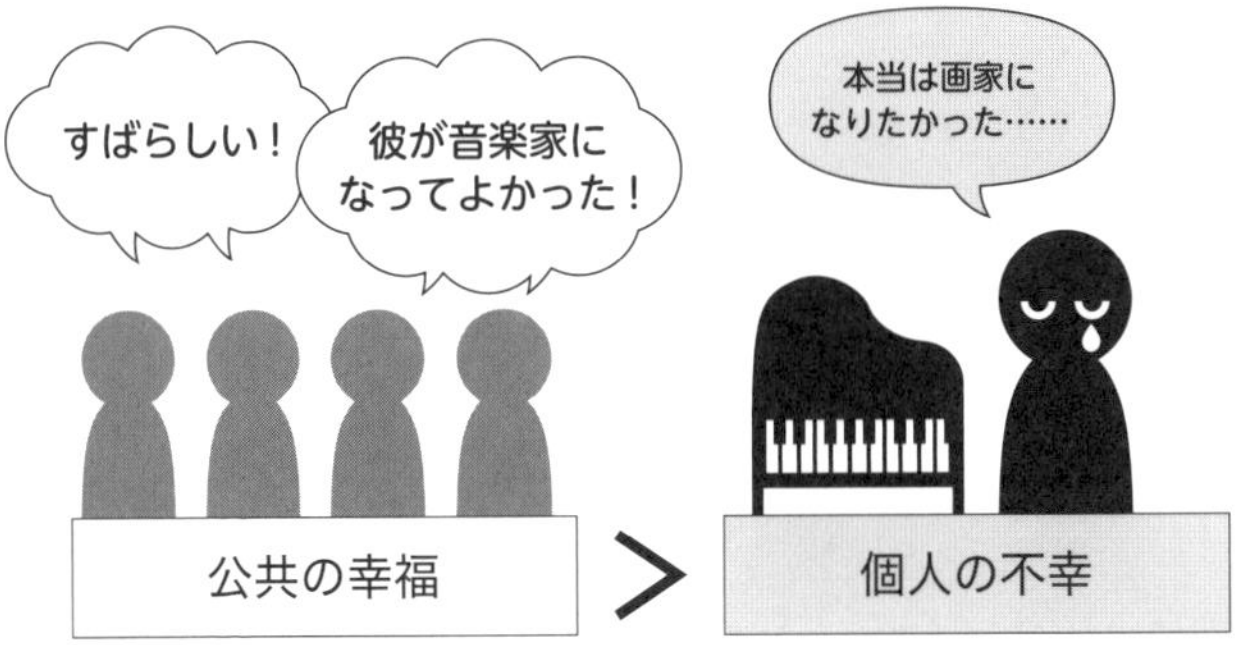

自分を活かす環境

自分の能力をもっとも発揮できる環境に就職することで、個人と社会の無駄な時間や労力を省く。

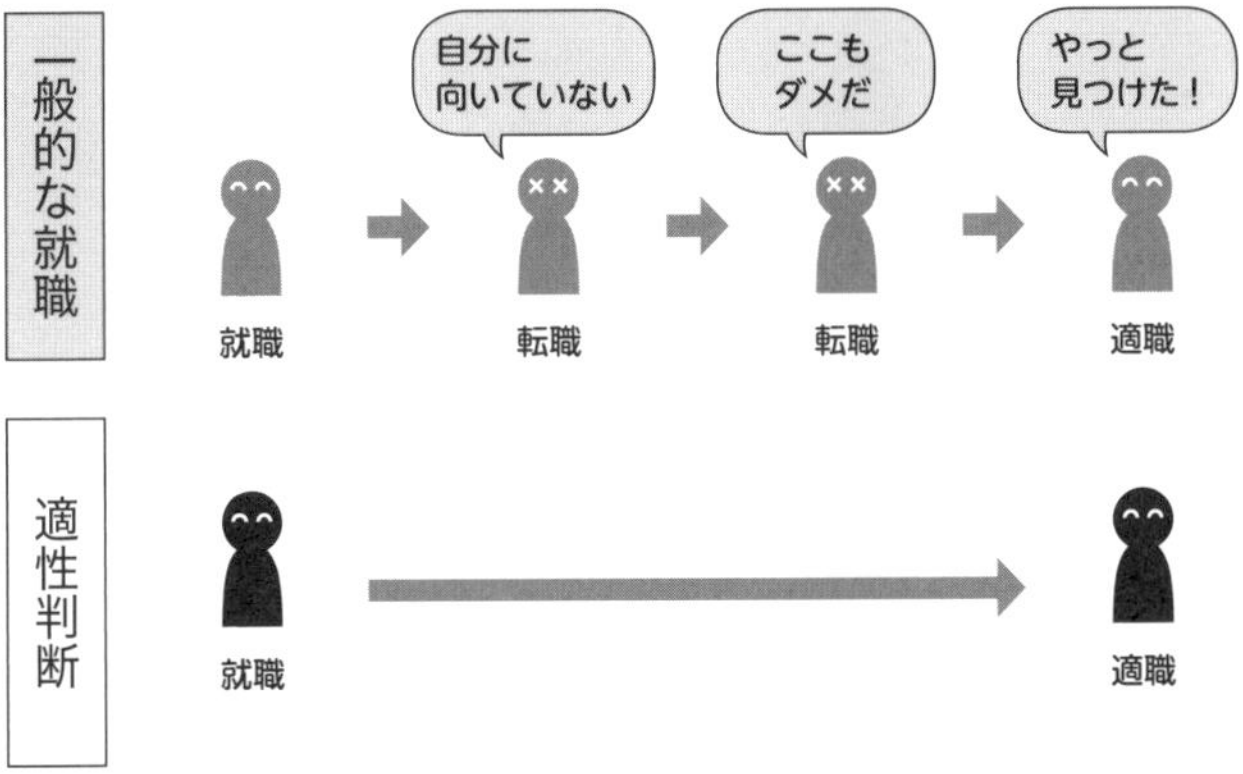

公共の利益と個人の自由
どちらが大切かが見えてくる!?

43

EXPERIMENT

人間転送機

転送された人間は元の人間と同一人物か

そして スキャンした
助手くんのデータをもとに
転送先で肉体を復元することで
一度消す
転送
復元
〈となりの部屋〉
助手くんの
転送が完了
するのだ!
よし
成功だ!
博士……
ん?
どうした?
僕の前の体は消滅
してしまったんです
よね? つまり今の
僕はコピーで
本当の僕は
死んでしまった……
さっきまでの僕と今の僕は
同じ人間といえるのですか?
博士?
おおお
お茶に
しよう
か……
じょばじょばば
博士ー
!!!!

同一人物の条件とは？

移転先の自分も自分だろうか？

このマンガは、イギリスの哲学者デレク・パーフィットの考えた思考実験がもとになっています。人間転送機によって転送されてしまった助手は、転送後の自分は「本当の自分」なのだろうか、と悩んでいるようです。

スキャナーによって生体情報はすべて正確に読み取られていますから、転送後も転送前と同じ記憶、同じ性格、同じ嗜好《しこう》を持っています。見かけなどはまったく同じ人間です。体の細胞1つ1つも、転送前の自分と同じ成分でできています。それでも、助手は「今までの自分と違うもの」と感じているようです。

似たような思考実験が今までもありました。2章で紹介した「スワンプマン」です。スワンプマンのときには、同じ記憶、同じ人格を持っていたとしても、同じ経験をしてきたわけではないので「同一」とはみなされない、という見解がありました。

その論理であれば、この転送されたあとの助手も「元の人間と同じとは認められない」ということになります。つまり、本当の助手は死んでしまったということです。かわいそうに、助手の青ざめた顔が目に浮かぶようです。

しかし、今度の人間転送機のほうは、同一人物でないと不都合が生じてしまいます。それは、スワンプマンという得体の知れないファンタジックな物語ではなく、発展した科学技術という、いつか来る未来のこととして実感しているからかもしれません。

もし、人間転送機が発明され、一般化されたとしたら、人類は利用せずにはいられないでしょう。「人間転送機」とは、転送される前と同じ人間が転送した先に移動するというものです。そのときに「移動した先の自分が自分でない」ということでは、大変な問題になってしまいます。目的によって同一の定義が変わるというのは、2章で紹介した「テセウスの船」と少し似通っているかもしれません。

コピーした人間のオリジナル性

この「人間転送機」の仕組みでは、元の人間を消滅させる必要はありません。「転送」ということにこだわらなければ、元の肉体を消滅させる必要性はないのです。

実際、この思考実験の作者であるパーフィットは、元の人間が消滅しない新型の人間転送機についても紹介しています。

元の人間が消滅しないとなると、この機械は、実際には「人間転送機」ではなく、「人間コピー機」とみなせるでしょう。しかし、元の人間と転送先の人間という、2人の人間が同時に存在するという状況はとても厄介です。

スワンプマンのときも、森の中で死んだ男が生き返ったとしたら、問答無用でスワンプマンは偽物扱いをされるでしょう。自分とまったく同じ名前、姿形、経歴の人間が、自分の知らないところで活動しているというのでは、心が安らぐ暇もありません。

そのため、転送前の自分を消滅させることは必須なのです。しかし、こうして人間コピーを繰り返していった自分は、果たして「オリジナル」と同じといえるのでしょうか。

また、コピーをするたびにデータが劣化したり、事故によって破損したりすることで、自分とは違う人間に変貌《へんぼう》してしまうこともあるかもしれません。そうなると、やはり転送前と転送後の自分は同一人物ではないという結論になってしまうのでしょうか。

人間変身機

「人間コピー機」は「人間変身機」になる可能性も十分にあるでしょう。記憶や性格がデータとして完全にコピー、記録化されているのであれば、転送後の体が自分のものである必要はありません。他人の肉体や人間以外の動物、アンドロイドのような機械など、より自分の目的を遂行しやすいボディに乗り換えることも可能なはずです。自分の肉体データの記録があれば、いつでも本来の体に戻ることもできるでしょう。

極論をいえば、普段は自分の人格をデータ化しておいて、必要なときに必要な体を得て、現実世界に実体化するということが考えられるかもしれません。

このような世界では、自分が自分であるための要は〝肉体〟ではなく、性格や記憶のデータ、つまり〝心〟ということになるでしょう。そして、〝心〟がデータになっているということは、転送前も転送後も、問題なく同じ人物という扱いになります。

なにをもって自分を自分とするのかということは、とても曖昧《あいまい》なのかもしれません。

人間転送機の仕組み

転送前の自分の肉体を消滅させた際、装置の中の「自分」は死んだといえるのだろうか。

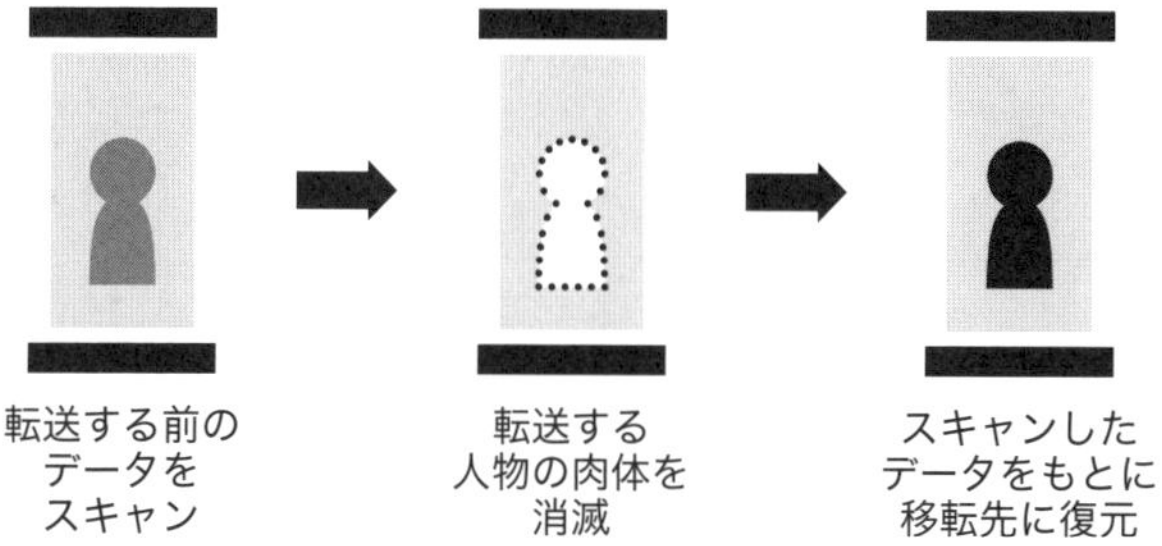

転送後の自分は自分だろうか

スワンプマンは生前の自分とは違う存在であるという見解があったが、人間転送機の場合はどうだろうか。

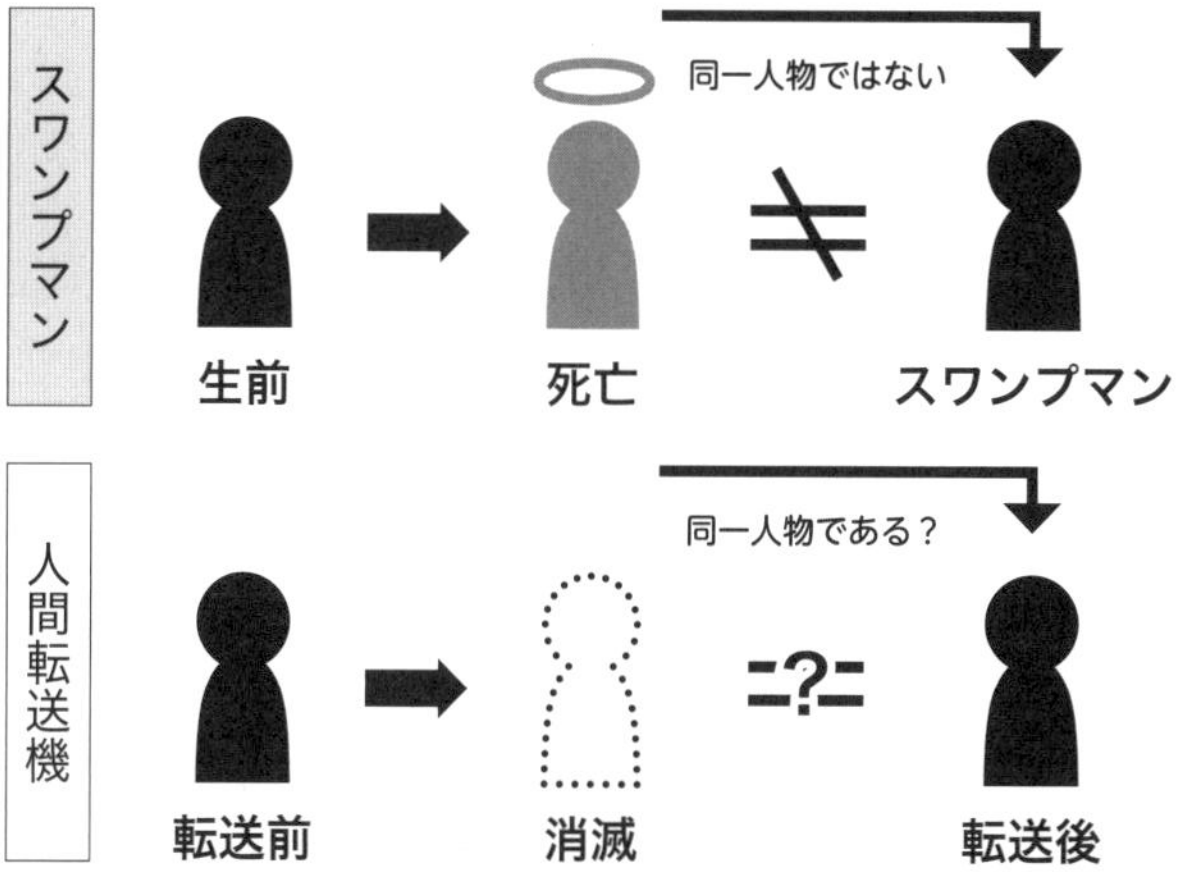

SF的な発想で"自分"についての考え方が揺さぶられる!?

2人の私

自分が2人になったなら財産をどうやって分配するか

それでは、これから「同一人物」による財産の分配についての話し合いを始めます
私は弁護士です
えーと
これまでの経緯を整理すると
あなたは先日、事故で体がバラバラになり脳は半分に割れてしまった
ドーン
パカッ
最新医療によって2つに割れた脳を再生した結果なんと脳が2つになり
クローン技術で作った肉体に脳を移植したら両方とも蘇生に成功
そして「私」は2人になってしまいました
私たちは財産をどう分け合うかを話し合いました
地位、財産、そして
ポメラニタコの限定フィギュア!
あれだけは譲れません!
妻《わたし》のことは?
ギャーギャー

財産分与は可能か？

どちらもオリジナルの自分

このマンガも、「人間転送機」と同じパーフィットの考えた思考実験をもとにして作られています。同じ記憶、同じ人格を持ち合わせた2人が出てくるところは、人間転送機やスワンプマンと似ています。しかし、決定的に違うところがあります。前の2つの話では、元の自分（オリジナル）と新しくできた自分（コピー）の区別がはっきりしていましたが、今度は、どちらも同じで区別ができないという点です。

まったく同じ記憶や人格を持ち、体格から経験まで同じという2人が、財産やその他を分けなければならないとしたら、どんな方法があるでしょう。

争いなく財産を分ける方法

貯金や所有物など形のあるものは、財産として2つに分けやすいかもしれません。心理的には納得できないとしても、物理的には可能でしょう。しかし、この世に2つとない思い出の品などになると、なかなか上手に分けるのは難しそうです。

人間関係はさらに複雑です。突然、今までの家庭に夫が2人に増えてしまっては、妻や子どもも戸惑《とまど》ってしまいます。だからといって、どちらかがその家庭を引き継ぎ、どちらかが独身に戻るといった単純な問題ではありませんし、とても話し合いでは解決できないでしょう。また、2人になった本人たちだけでなく、関わる周囲の人々の心境も大きく関係するはずです。

まったく違う2人になる方法

こうしたときの解決方法として3つの選択が考えられます。「拒絶」「共存」「別離」です。

「拒絶」は、乱暴な解決策ですが、片方を殺してしまうという方法です。そうすれば、自分は1人だけに戻ります。殺人罪に問われる可能性もありますが、自分がもう1人の自分を殺しても、自分という存在は生きています。いったい誰が被害者となるのでしょう。

「共存」は、2人で生活をシェアするという考え方です。同じ家、同じ家族で今まで通りの暮らしを継続していくのです。一般的とは少し言い難い環境にはなりますが、自分自身と周囲の人間が納得できるのであれば、不可能ではないでしょう。

「別離」は、双方が今までと違う家で暮らし、職場も変え、新しい生活を営む考え方です。「スワンプマン」では、「経験こそが個々人の固有性」であるとしました。「2人の私」は、同じ記憶、同じ人格を持っているだけでなく、経験までもまったく同じだからこそ区別がつけられません。しかし、もし数年でも別の暮らし、別の経験を積んでいけば、やがてそれぞれの価値観や考え方に変化が起き、それぞれの職場や暮らしのなかで、取り換えの利かない別の人格として扱われるようになるのです。経験が、個々の人格やアイデンティティを作っていくとするならば、この数年で2人は違う人間となります。その時点で、もう一度お互いに必要なものを話し合うのです。

もっとも、完全に割り切れない部分があることはぬぐえないでしょう。3つの選択肢、あなたならどの方法を選びますか。

1つの脳から生まれた2人

2つに分かれた脳と体がそれぞれ奇跡的に再生した場合、どちらか片方を本物、偽物と区別できるだろうか。

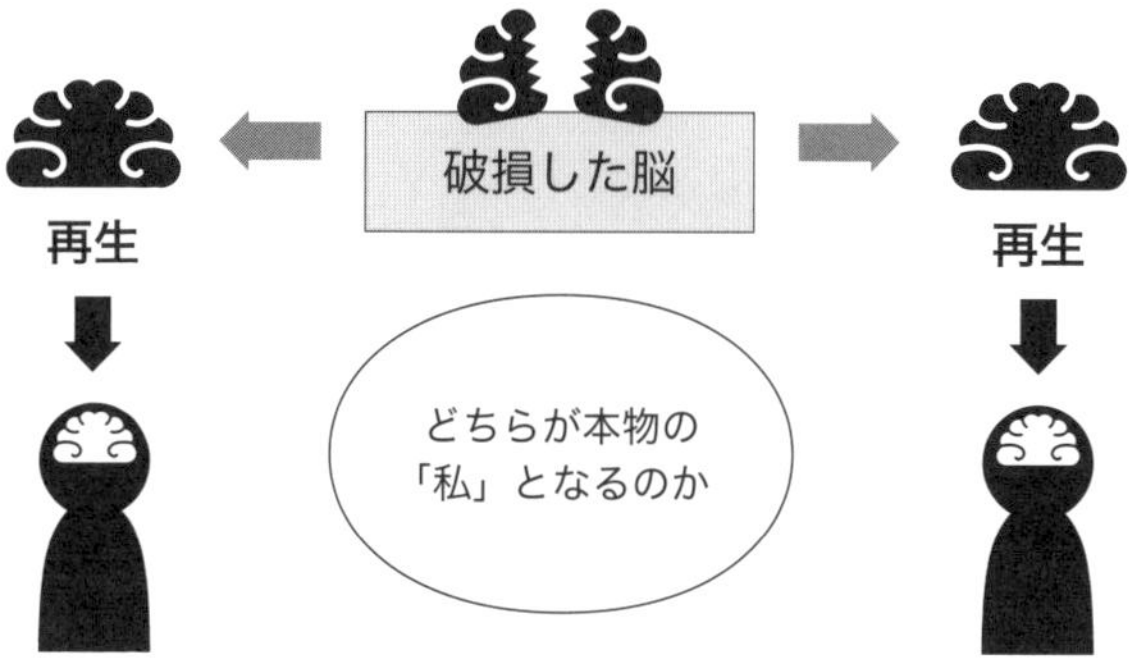

もう1人の自分との接し方

自分が2人になってしまった場合、今までの生活とどう変わってしまい、どう対処すべきだろうか。

パターン1
拒絶

もう片方の自分を殺して自分を1人だけにする

パターン2
共存

もう片方の自分とすべてを分け合う

パターン3
別離

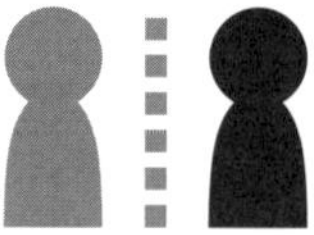

もう片方の自分とまったくの別人として生きていく

もう1人の自分の登場で自分とはなにかが見えてくる!?

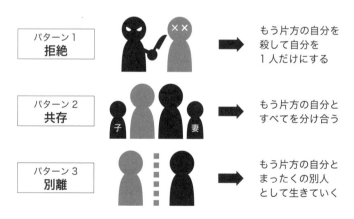

45

EXPERIMENT

バーチャル世界装置

バーチャル世界での人生に意味はないのか

「現実でない経験」への躊躇

「バーチャル世界へようこそ」

なにやら不思議な感じのセールスマンが勧誘に来た「バーチャル世界装置」。これは、アメリカの哲学者ノージックが考えた思考実験がもとになっています。似たような装置は、映画『トータル・リコール』や『マトリックス』などにも登場します。

あなたが現状の生活に満足できていない場合、自分が思い描いた通りの幸せな生活が送れるとしたら、バーチャル世界装置を利用するでしょうか。

バーチャルで楽しむ意味

マンガの登場人物もそうですが、このような勧誘にあったら、まず躊躇《ちゅうちょ》してしまうことが多いのではないでしょうか。「なにもかもうまくいく人生なんてつまらない。浮き沈みがあるからこそ人生は楽しいのだ」という人がいるかもしれません。しかし、そのとき、セールスマンはにやりと笑い、「このシステムでは、何度か失敗と挫折を味わい、最後には成功するようなプログラミングにすることも可能になっています」というのです。

「バーチャル世界で楽しんだって、意味がない」という人もいるでしょう。バーチャル世界で楽しむよりも、現実世界での楽しみのほうが価値があるという意見です。では、その根拠はなんでしょう。バーチャル空間に入っているときには、それが仮想現実だとは気づかないようになっており、しかも、何年でも何十年でも仮想空間に行ったままになれるのだったら……。

それはある種の「現実」といってもよいのではないでしょうか。

さまざまな要望にもこたえてくれる

「結局いつかは現実世界に帰るのだから、そうなったときに虚《むな》しいだけだ」という人もいそうです。しかし、セールスマンが「肉体的に亡くなるまでバーチャル世界に居続けていただくことも可能です。場合によっては死後に現実世界の肉体を火葬するオプションも提供できます」といってきたら、どうでしょう。

残りの人生をバーチャル世界で終えると聞くと、ゾッとしてしまうかもしれません。しかし、現実世界での生活のほうがもっとゾッとしてしまう環境だとしたらどうでしょう。たとえば、いじめにあっていたり、会社が倒産して借金だらけになっていたりと、現実世界では自殺を考えるほどに追いつめられていたとしたなら、死ぬまで平和なバーチャル世界で暮らしたほうが何倍もいいかもしれません。こうした考えは、現実逃避といえるかもしれませんが、なにをもって幸福と考えるかは人それぞれでしょう。

また、「自分だけがバーチャル世界に逃避するのは、疎外感があって嫌だ」という人もいるでしょう。しかし、世界中のほとんどの人がこの制度を利用し、オンラインゲームのようにバーチャル世界でつながれるとしたらどうでしょうか。しかも、バーチャル世界なら理想の自分になれるので、他人とのつきあいもうまくいきますし、わずらわしいと思えば、他者と関わらないようにも設定できるとしたら……。

こう考えていくと、バーチャルの世界で過ごすことを躊躇する理由は、どんどんなくなってきそうです。

現実とバーチャルの比較

現実では困難を乗り越えることで成長するが、困難のない理想のバーチャル世界で成長することはできるのか。

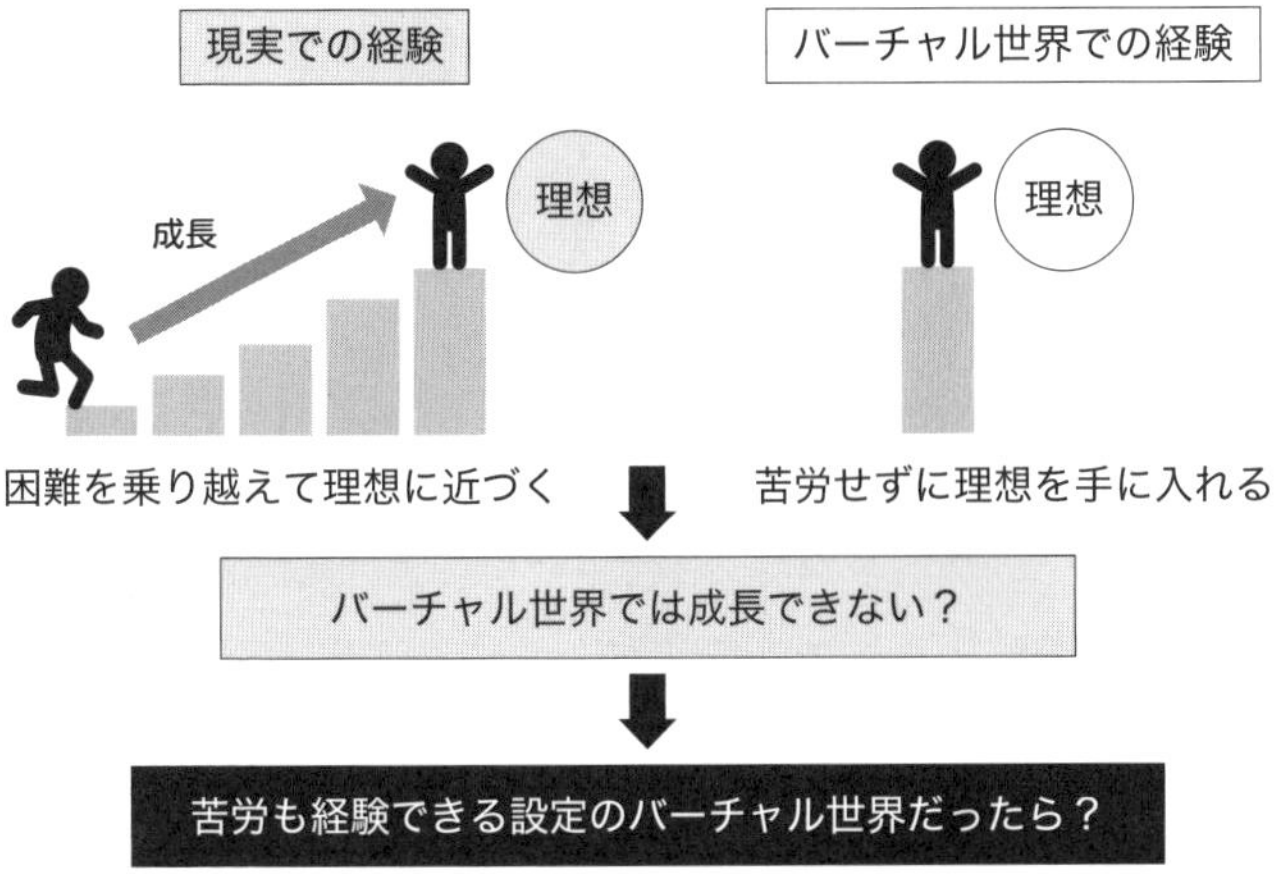

現実よりも幸福な世界

自分の理想の世界を作りだせるバーチャル世界であれば、現実ではかなわない願いを可能にしてくれる。

**あなたが自分の人生に
求めているものが見えてくる!?**

46

EXPERIMENT

水槽の脳

この世界が現実であるとなぜ言い切れるのか

現実の世界とはなにか

荒唐無稽《こうとうむけい》な話であると証明する方法

自宅で本を読んでいる男の子。しかし、それは、本人がそう知覚しているだけで、実際にはむき出しになった脳が水槽のなかに入れられている……。脳はコンピュータと接続され、さまざまな電気的な信号により、まるで現実の社会を生きているような、リアルな感覚が得られていますが、実際には、それらはすべてバーチャル世界でしかありません。しかし、その世界にいる間は、自分が水槽のなかの脳でしかないなどとは、疑うことすらしないのです。

この、とてもSF的で恐ろしい思考実験は、アメリカの哲学者ヒラリー・パトナムが1980年代に考えたものです。実に非現実的な話のようにも感じられますが、それでは、あなたは、自分が「水槽のなかの脳ではない」と証明することができますか。

この世は夢か現実か…

この話は、紀元前の中国の思想家荘子《そうし》の語った『胡《こ》蝶《ちょう》の夢』に似ています。蝶となり百年の間、花々の間を飛び回り、遊んで過ごす夢を見た荘子が、目覚めたとき、「自分は夢で蝶になったのか、それとも蝶が人間となる夢を見て今、ここに立っているのか。どちらが本当だろうか」と思った、という話です。

この思考実験もまったく同じなのかもしれません。水槽のなかの脳が、自宅で本を読んでいる男の子の感覚を得ているのか、それとも男の子が、自分が実は水槽のなかの脳だという夢を見ているのか、本人には区別がつきません。

そう考えていくと、今、私たちは「現実の世界」にいると思って疑ってはいないでしょうが、本当に、今が現実の世界なのか、証明することはできないのではないでしょうか。ひょっとすると、以前に「バーチャル幸せカンパニー」のセールスマンの勧誘を受けて、今はバーチャル世界に入り込んでいるだけなのかもしれません。それも飛び切りリアルな、失敗もすれば、成功も経験するというバーチャル世界に……。

そもそも「現実世界」とはなんなのか⁉

考えを進めていくと、私たちが知覚しているのは現実の世界なのか、という思いとともに、「現実の世界」とはなんなのか、という疑問も湧いてきます。

かのギリシアの哲学者プラトンは、私たちが日々知覚しているのは洞窟《どうくつ》の壁に映った影のようなもので真実の世界はその外にある、といいました（第2章『洞窟の比喩《ひゆ》』）。もし、SF的に話を飛躍《ひやく》させていけば、私たちが今生きているのは、現実の世界ではなく、高度な文明を持つ生物が作り上げた、バーチャルなアバターの世界なのかもしれません。この世界に入り込んでいる私たちは、それを現実の世界だと思い込んでいるだけなのかも……。あたかもそれは、洞窟の壁を見つめている囚人たちのようでもあり、花々の間をめぐる胡蝶のようでもあります。

「今生きているのは現実の世界なのか」「現実の世界とはなんなのか」、紀元前の時代から賢者たちが問いかけてくれていた「思考実験」に対し、文明社会に生きていると思っている私たちは、未だに明確な答えを出せずにいるのです。

リアルな夢を見る脳

すべての感覚が脳の電気信号から作られているのであれば、実は自分が脳だけの存在である可能性もある。

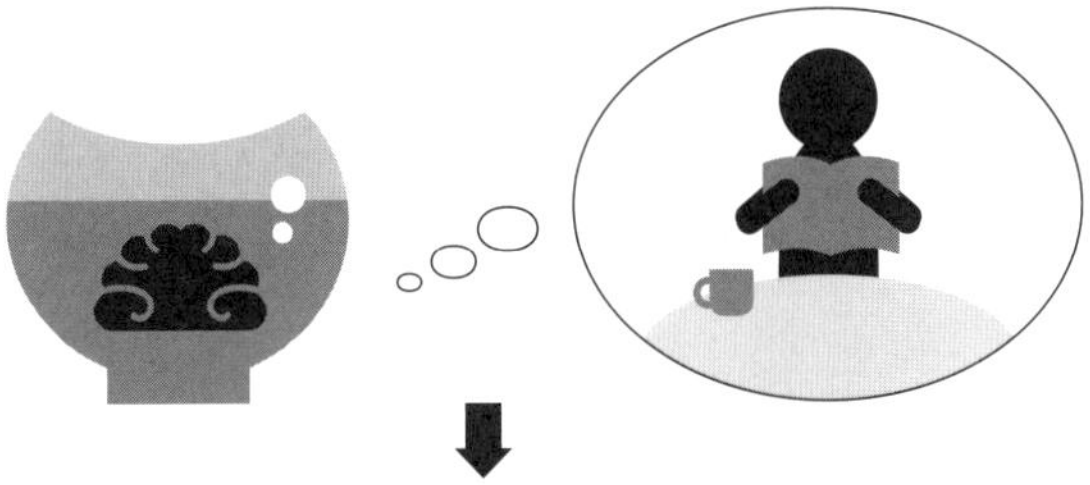

水槽のなかの脳の見ている夢ではないと否定できない

自分を観察する世界の存在

自分の体が脳だけであり、リアルな夢を見ているにすぎないとしても、それを確かめることはできない。

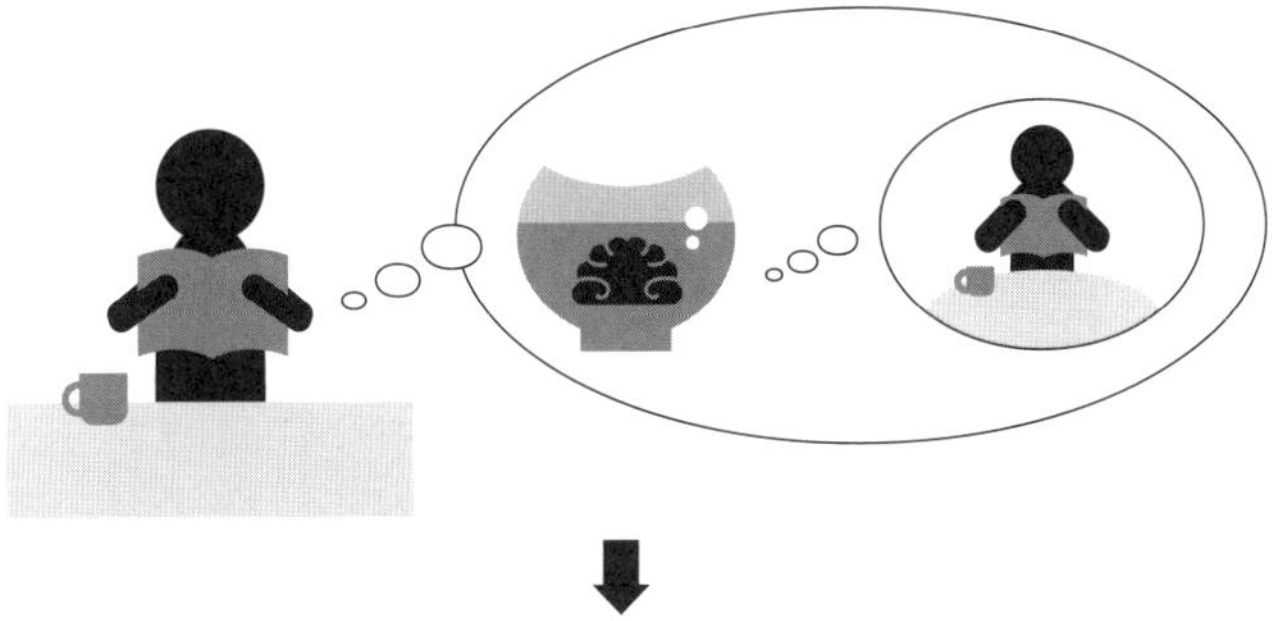

自分が水槽のなかの脳と自覚することができるか

あなたの現実に対するとらえ方が揺さぶられる!?

47

EXPERIMENT

中国語の部屋

人工知能の「知能」や「心」はどうやって証明するのか

「知能」をどう定義するか

「チューリングテスト」と人工知能

この一風変わった思考実験は、アメリカの哲学者ジョン・サールが、人工知能に関するテスト「チューリングテスト」に対して異を唱えるために作った話をもとにしています。それでは、「チューリングテスト」について簡単に説明しましょう。

「人工知能」とは、「物事を判断する力である『知能』を持った機械」のことです。人が作ったもの（人工物）でありながら、人と同じように「知能」を持った機械だから「人工知能」というわけです。しかし、なにをもって、機械が知能を持ったか否かを判断すればよいのでしょう。

そこでイギリスの数学者アラン・チューリングは、ある方法を考えました。別室にコンピュータと人間を入れ、隣の部屋からモニターとキーボードを介して、別の人間がさまざまな質問をします。それは「今評判の映画の感想」でもよいですし、「今まで食べたなかで一番おいしかったもの」でもかまいません。この質問に対する返答を見て、質問者が、どちらが人間で、どちらがコンピュータの答えか、分別がつかなかったら、それをもってこのコンピュータには知能がある、すなわち「人工知能」だと認める、としたのです。この試験のことを「チューリングテスト」といいます。

チューリングテストに対する批判

このチューリングテストに対し、反発したのがサールです。たとえば、マンガのように中国語がわからない人であっても、マニュアル通りに行動すれば、中国語がわかっているような対応ができます。しかし、実際には、この部屋にいる人は中国語がわからないし、知能を働かせて仕事をしているわけでもありません。同様に、人間と同じような返答をするコンピュータが知能を持っている機械（＝人工知能）とはいえない。これがサールの主張です。

知能があるのか否かは外からはわからない

確かにサールの主張には一理あります。マニュアル通りの対応をしているだけであれば、それは自ら考える機械（＝人工知能）とはいえないでしょう。しかし、同時にそれは、相手が本当に自ら考えて物事を行っているのか、誰かが仕組んだマニュアル（プログラム）通りに動いているだけなのか、私たちには区別がつかない、ということの裏返しでもあります。チューリングがいう通り、その対応を見て、人かコンピュータか区別がつかないようであれば、それを人工知能の到達点だと判断することもあながち間違いとはいえません。

近年の科学技術の発達は、人工知能だけでなく、見た目にも人間そっくりなアンドロイドを生み出しつつあります。そうなると、私たちは、相手の動きや言葉など外から見えるものだけでは、それがプログラムに従って対応している人工知能なのか、自ら考える生身の人間なのか、判断がつかなくなるでしょう。そもそも、あなたが日ごろ会話している人が、本当にものを考えて話しているのかを、私たちは確認できません。実は人ではなく、人間そっくりなボディを持った人工知能なのかもしれません。

チューリングテストの目的

人間との対話で、コンピューターであると判別できないほどの能力があれば、知能といえるという考え方。

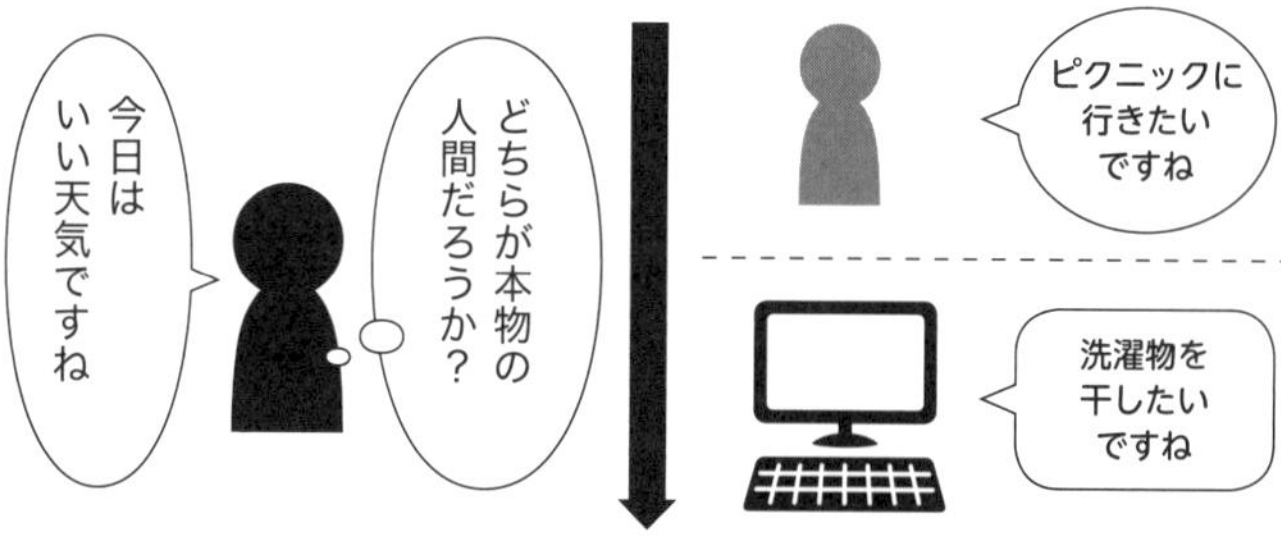

区別がつかなくなれば人工知能と認めてもいい

中国語の部屋と人工知能

中国語がわからなくてもマニュアルを使えば、まるで中国語がわかるようにふるまえる。

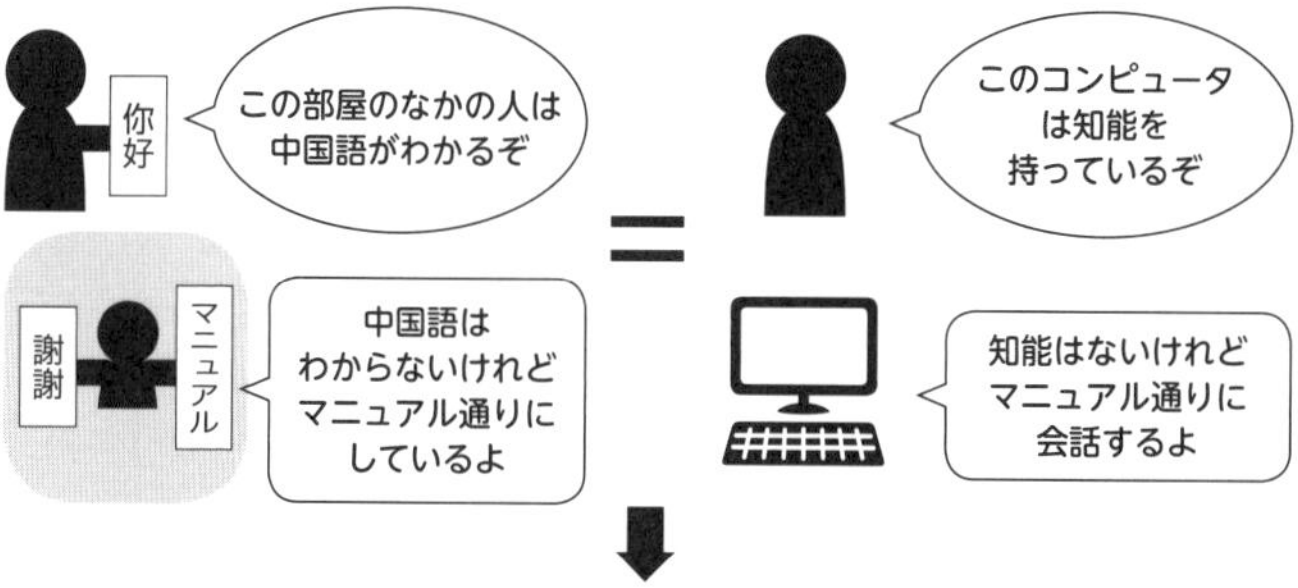

知能がなくてもあるようにふるまっているだけ？

「知能とは？」の問いに対するあなたの考え方が見えてくる!?

48

EXPERIMENT

チップを埋め込まれた脳

同じ情報量が与えられても知能に差が出るのはなぜか

情報と活用方法

情報量に差がないのに偏る結果

脳に埋め込まれたチップによって、ネットを経由してあらゆる情報に常にアクセスできる社会。それなのに個人の成績に違いが出る、というのは、なんとなく理解できることではないでしょうか。たとえば、大学の試験では「資料持ち込み可」の教科もありますが、成績には明確に差が出ます。企業でも1人1台以上のパソコンが支給されているところが多く、外出先であってもスマホでネット情報にアクセスすることが可能です。ネットへのアクセス環境はほぼ同じなのに、当然のように社員間で業績に差は出ます。個々人の持つ〝情報量〟には差がなくなってきているはずなのに、結果に差が出るのはなぜなのでしょうか。

結局のところ、現代社会では、ネットを介して膨大な情報（あるいは知識）にアクセスすることが誰にでもできるからこそ、そのなかからいかに有用な情報を収集し、同時に誤った情報を排除するか、そうしていかに新しいアイデアを生み出すか、といった、いわば「情報の使い方」の巧拙《こうせつ》が問われているのです。そして、それがテストの成績や会社での業績などにおいて「差」が生じる理由なのです。

シンギュラリティ後の世界

しかしそれも〝現状では〟という注釈をつける必要があるかもしれません。人工知能がますます発展していけば、脳内チップが情報を収集、解析して実際にビジネスに応用できる状態にまで加工することも可能でしょう。

人工知能が人間の知能を超える時点を「シンギュラリティ」といいます。それはSFの世界の話ではなく、もうそこまで来ているのかもしれません。一説には2045年あたりだとも想定されています。

そうなったら、人間はすることがなくなるのかもしれません。食品メーカーであれば、売れる食品はなにかという命題を与えるだけで、人工知能が勝手に情報を収集、分析して商品を作り、告知方法や販売方法まで最適なものを練り上げ、最大の利益を計上してくれるでしょう。人は仕事ではなく、余暇《よか》のことを考えていればよいだけになるかもしれません。

高度情報化社会の未来像

古代ギリシアでは家事や雑務などを奴隷《どれい》に任せたことで生まれた余暇で、哲学が生まれたといわれています。「シンギュラリティ」を迎えた世界では、朝起きたら、天候や混雑状況、個人の興味関心などから最適な余暇の過ごし方を人工知能が考えてくれる。そして、その通りに実行すれば、最大の快楽が得られるようになる……、いや、それどころか外出の必要もなく、最適な快楽が得られるようなバーチャル世界を人工知能が作り出してくれるかもしれません。

人はみな、自分の理想の世界であるバーチャル世界で最大の快楽を得ることができ、その社会を保つための発電などの事業を人工知能が懸命に行っている社会、そうした世界では、人間が人間でいるためには「なにを思考するか」という点がより大切になるでしょう。

情報の使い方

同じ情報量を持っていても、視点や考え方、活用方法などが個人によって異なる。

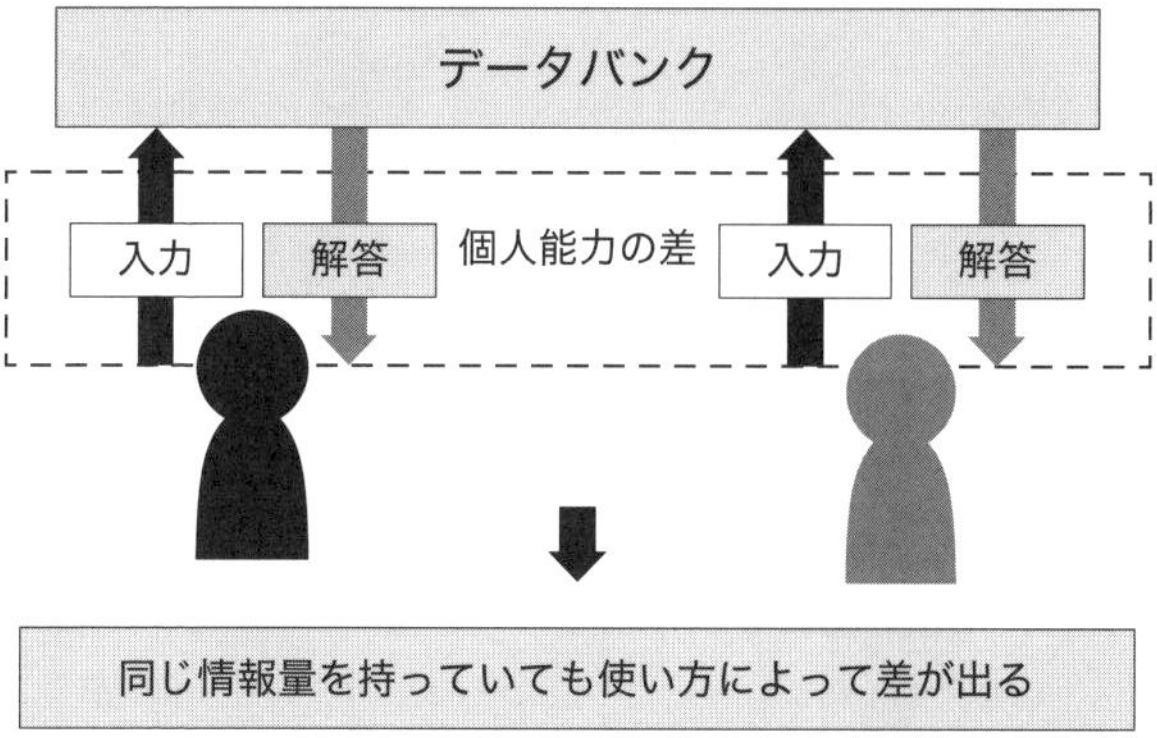

なにもしなくていい人間がするべきこと

生命維持や快適な生活に必要なすべてを人工知能が行い、娯楽すらも与えてくる世界での人間の在り方とは。

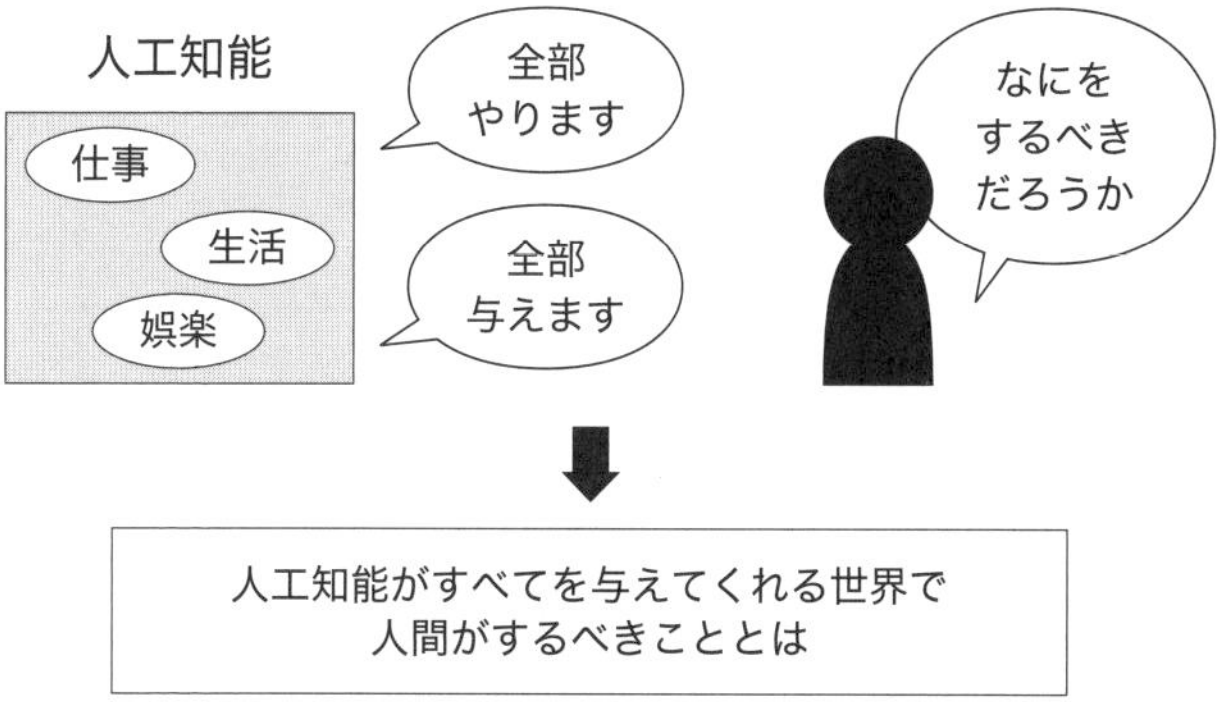

あなたが「情報」を
どう定義しているか見えてくる!?

脳と責任能力

私が原因でなければ私の責任にならないのか

責任はどこまで問えるのか

無罪か、有罪か、その理由は…

3人の容疑者は、いずれも無罪を主張しています。誰もが、人を殴ったということは認めていますが、それぞれに特殊な事情を抱えているため、「自分には責任がない」と主張しているようです。

さて、あなたなら、容疑者A、B、Cそれぞれについて、その主張通りに無罪と認めますか。それとも、犯した罪に対してなんらかの罰を負わせるべきだ、と考えるでしょうか。この情報だけでは判断しきれないことがあるかもしれません。その場合、「○○だったら本人の責任は問えない」「○○だったら責任は問える」など、あなたの考えをまとめてみましょう。

専門家のアドバイスに従っただけ

「医師など専門家のアドバイスに従っただけだから、無実だ」というAに対し、「やむを得ない」と思うのは、少数派かもしれません。結局、専門家の意見をうのみにするのか否かを判断するのは本人だから、責任能力は問える、と考える人が多いのでしょう。

それでは、状況を少し変えて、「治療のためなら人を殴っても無実だ」と医師に嘘をつかれた場合、あるいは「人を殴らなければ死ぬ」といわれた場合はどうでしょうか。無実とはいかなくても、情状酌量《じょうじょうしゃくりょう》の余地が多少なりとも出てくるかもしれません。もちろん、医師の言葉に従うと判断するのは自己責任です。とはいえ、一般人が専門家の言葉を疑うことは困難でしょう。

病気の場合はどうなのか

有罪か無罪かは、自分の力で判断できる能力や状況が備わっているかどうかにかかっているといってよいかもしれません。

Bの場合を考えてみましょう。脳の病気によって、本人が善悪を判断できない、あるいは行動を制御できない場合、罪を負わせるのは酷といえそうです。しかし、もしBが以前から病気があることを知っていたのに、有効な処置を施さずに放置していたのだとしたら、罪の一端はまぬがれないでしょう。とはいえ、通っている医師のほうで「しばらく様子を見ましょう」と言われていたのだとすると……。罪に問うのはかわいそうに思えてきます。しかし、専門家のアドバイスをうのみにするかどうかは個人の責任だという考え方を、Aのときに紹介しました。

Cの場合も、手術の影響により、行動の制御が個人の意志では難しい状態であるため、罪に問うのは難しいかもしれません。そもそも、Cは罪を犯したくないからこそ、手術を受けたわけです。自ら人を殴るという意志はなかった、という主張も通ります。

こうした場合、責任はいったい誰にあるのでしょうか。現在の法律では、なんらかの事件が起きて人を罰するとき、責任能力の有無が大きな判断材料になります。起こしてしまった結果に対して、誰がどのような罰則を受けるべきかという問題について注視されがちですが、その背景にはさまざまな事情があります。大切なのは、責任を過度に問うことよりも、再発防止のためにどのような対応や取り組みをするべきか、なのかもしれません。

3人の主張

3人とも自分の意志で人を殴ったのではないことから「自分の責任」ではない、という共通の主張をしている。

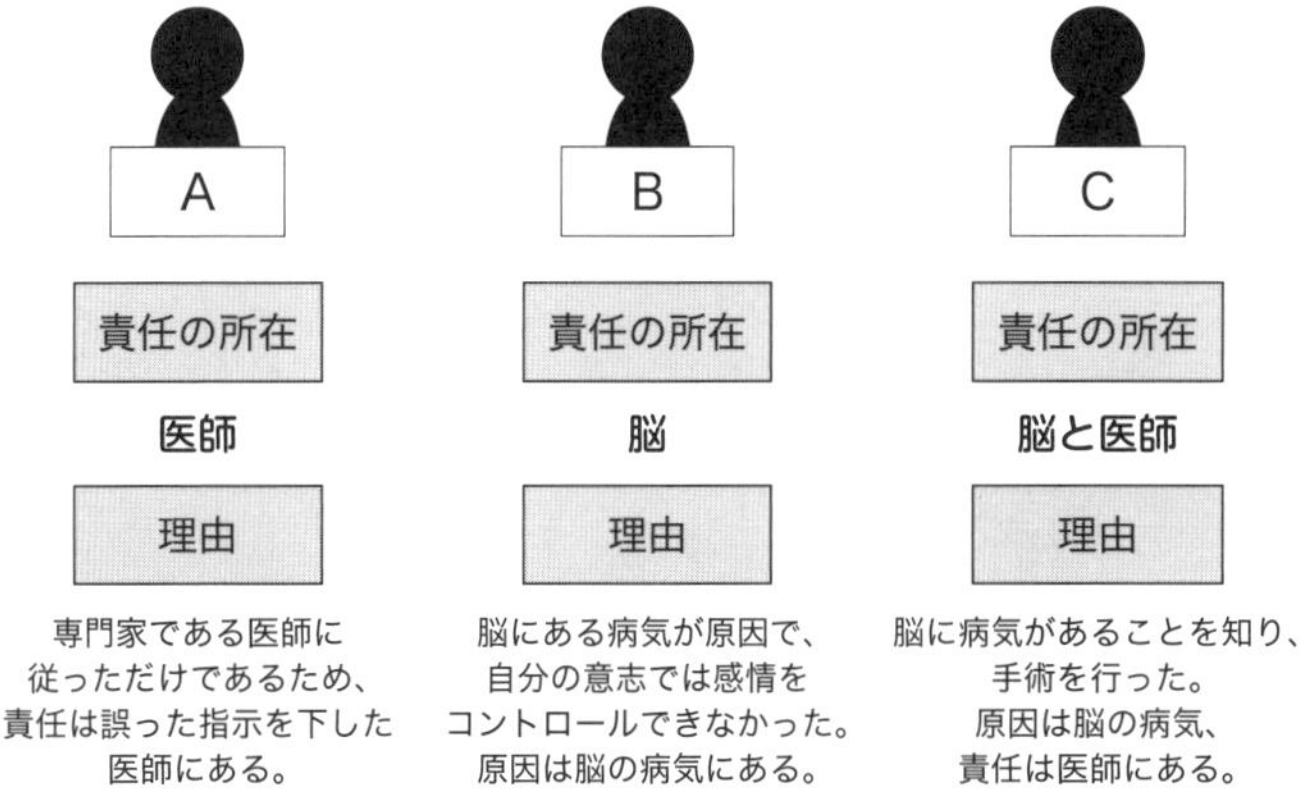
A
責任の所在
医師
理由
専門家である医師に
従っただけであるため、
責任は誤った指示を下した
医師にある。
B
責任の所在
脳
理由
脳にある病気が原因で、
自分の意志では感情を
コントロールできなかった。
原因は脳の病気にある。
C
責任の所在
脳と医師
理由
脳に病気があることを知り、
手術を行った。
原因は脳の病気、
責任は医師にある。

責任の所在

責任能力の有無については、問題について本人がどのようにとらえ、予防措置をとっていたかも論点となる。

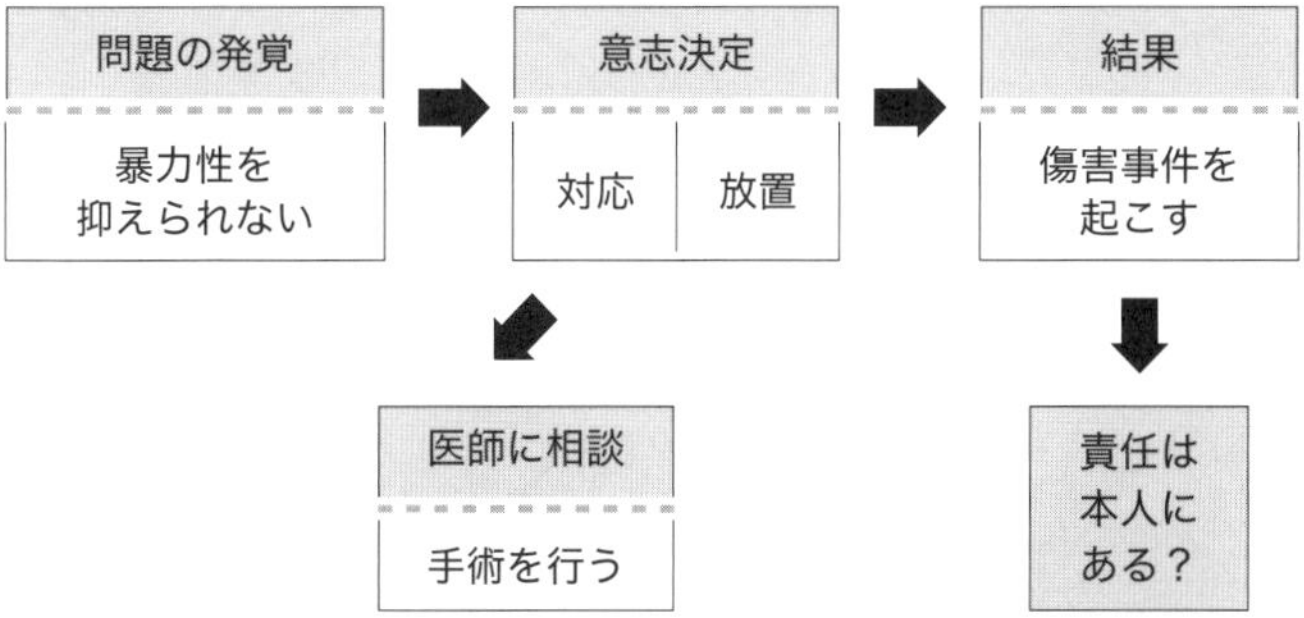
問題の発覚
暴力性を
抑えられない
意志決定
対応
放置
結果
傷害事件を
起こす
医師に相談
手術を行う
責任は
本人に
ある？

あなたの責任に対する とらえ方が見えてくる!?

50

EXPERIMENT

自《じ》動《どう》操《そう》縦《じゅう》

自動操縦《じどうそうじゅう》車が優先するべきはいったいどの命なのだろうか

優先すべき命とは？

迫り来る自動操縦の世界

どこか空想めいた近未来の話とは違い、自動操縦が実施される未来は身近に迫ってきています。

まっすぐ進めば、運転手の命はありません。それを回避するために方向転換をすれば、通行人の命がありません。仮に方向転換すれば複数人の命を奪うことになると仮定しましょう。自動操縦装置にプログラミングをするのは、人間です。もし、あなたがプログラマーであれば、このようなとき、まっすぐ進んでドライバーの命を奪うことを選びますか。それとも方向転換させて複数人の命を奪うことを選びますか。

こう考えていくと、この問題は、なにかに似ていま す。そう、本書の最初でとり上げた「トロッコ問題」です。「トロッコ問題」のような思考実験が実社会でも応用されるときが来たのです。

「トロッコ問題」同様、このプログラミングに対する答えを追求していくと、人や社会は、なにを第一優先としているのか、また、なにを優先すべきなのか、という問いに行きあたるでしょう。

統一基準は作れるのだろうか…

自動操縦を現実化するためには、こうした問題をクリアする「統一基準」を決定する必要があります。

統一基準は、関係する各企業の技術者や業界団体だけでは決められません。国内だけでなく国際社会の見解も重要となりますし、法律関係も整えなくてはいけません。

仮に国内で統一した基準を設けることはできても、国際的なルールとして基準を設けることはさらに難しいでしょう。国ごとに慣習や価値観には違いがありますす。ある国では「命の数」が優先と考えるかもしれませんし、またある国では「若い命」「運転手の命」などが優先されるかもしれません。

また、車に乗っているのは、運転手だけとは限らず、助手席に恋人や家族を乗せている場合もあるでしょう。そうなってくると、選択はより一層複雑になってきます。犠牲者の数を少なくするようプログラムされた車を選べば、事故が起きたときに運転手である自分だけでなく、大切な人も犠牲にしてしまう可能性があります。

自動車を買う側の意見としては、乗っている人の安全を優先してくれる車のほうがいいでしょうし、メーカーとしては、倫理よりも商売として購入者が喜ぶプログラミングをしたがるでしょう。

しかし、車に乗っている人の命を最優先し、多くの死亡者が出る事故を起こすことを選ぶ自動車が生まれることもあるかもしれません。その場合、責任は誰が負うのでしょうか。運転手自身、車を作ったメーカー、それとも法律を定めた国でしょうか。

運転手側であれば「製品の仕様なのだからメーカーに責任がある」というかもしれませんし、メーカー側であれば「そういう仕様だと承知のうえで購入した運転手の責任」というかもしれません。また、統一基準を決めるため、より多くの人の意見を反映すべく国民投票をした結果であったなら、それは投票したすべての人の責任となるのでしょうか。

あなたはどちらの命を救うべきだと思いますか？

人工知能が命の優先度を決める

予測できない突発的な事故により、必ずどちらかの命を犠牲にしなくてはいけないときの人工知能の判断はどうなるだろうか。

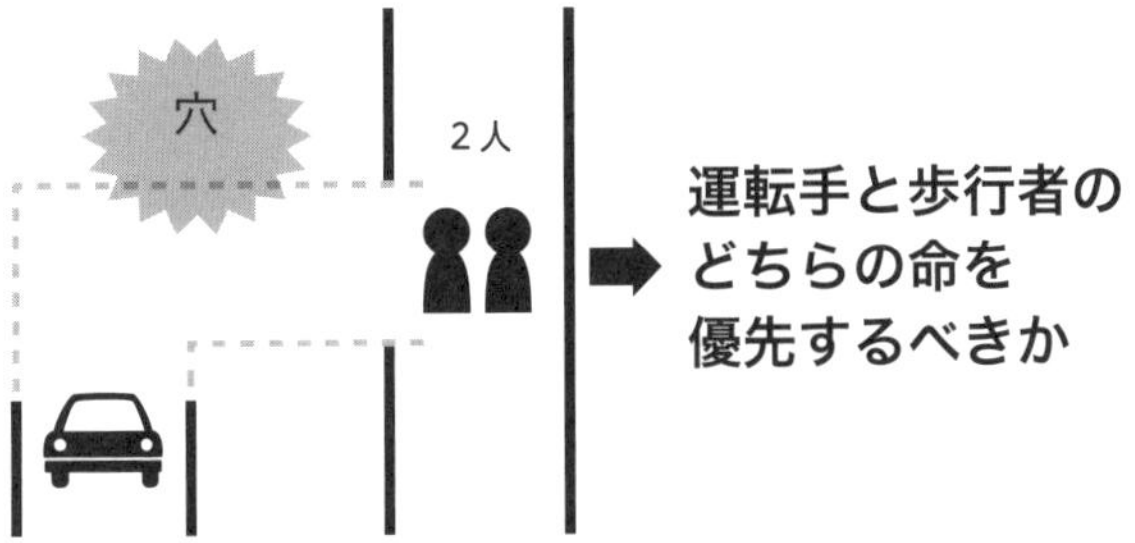

命の感覚の違い

人の命の優先度は、国ごとの文化や価値観にも大きく左右されるため、統一することが難しい。

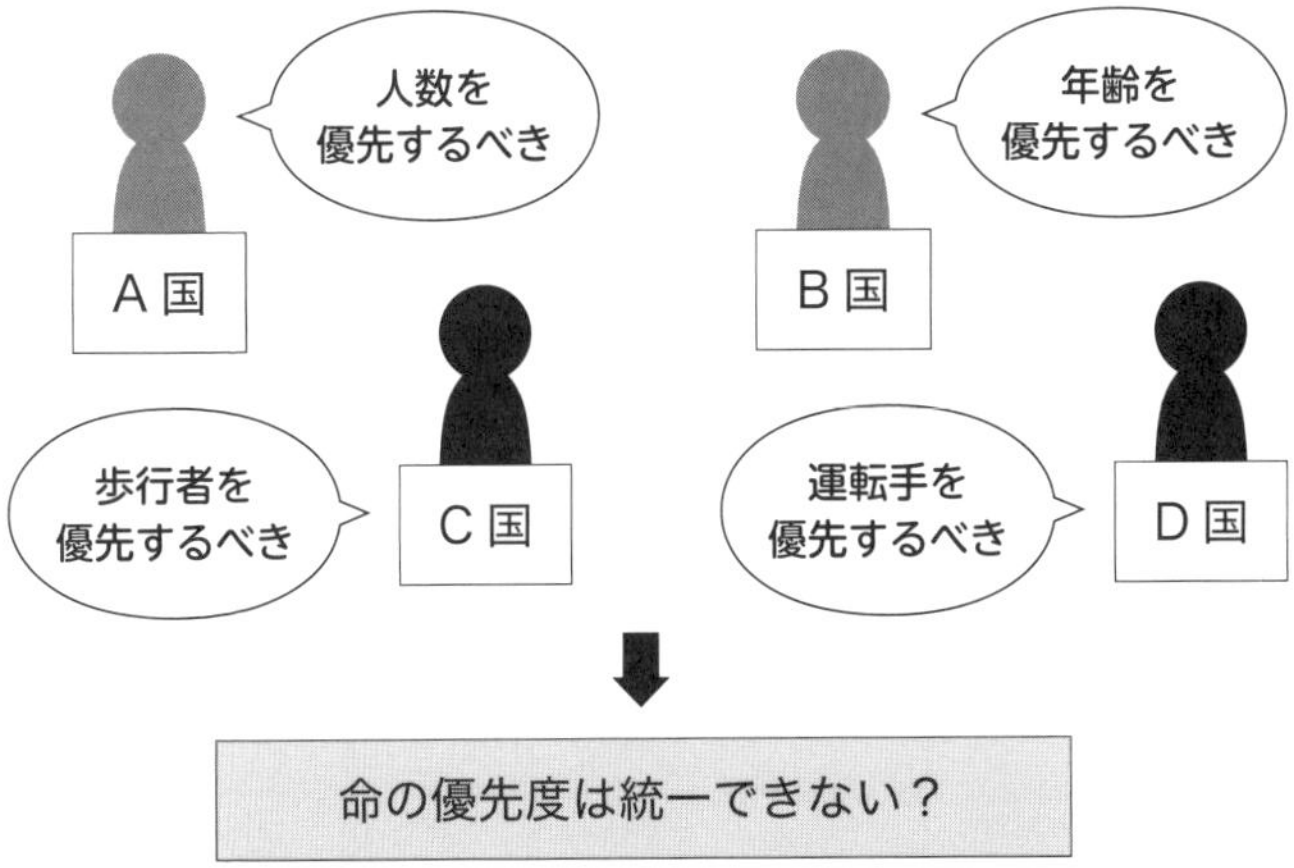

あなたが考えている命の優先度が見えてくる!?

WORD CHECK

シンギュラリティ

知能とはなにか

人工知能の世界的権威、レイ・カーツワイルは、2045年には、人工知能は自らを改良し、より優れた人工知能を作りだすようになる、と提唱しました。つまり、人工知能が人間の知性を完全に超える「技術的特異点」に到達すると予言したのです。この特異点こそが、「シンギュラリティ」です。

「シンギュラリティ」が起こるのかどうかは、定かではありません。しかし、ここ数年で、人工知能が目覚ましい進化を遂げていることは確かです。ここで問題となるのは、人工知能の持つ「知能」とはなにかということです。従来の人工知能は、計算することしかできません。言葉を操《あやつ》っているように見えても、決められた計算式にのっとって解答を出しているだけ。人間の脳を超える演算能力を人工知能が身につけても、それは道具として優れているだけにすぎません。人工知能が自らの意志を持つことを「知能」というのであれば、チューリングテストを批判する「中国語の部屋」のように、そう見えているだけなのです。

もし「シンギュラリティ」が起きたら、人間が同等の知能を持たない動物と完全に意思疎通をすることができないのと同様に、人間には人工知能を理解できなくなるかもしれません。

関連する思考実験

✓中国語の部屋➡ P.238　✓チップを埋め込まれた脳➡ P.242

おわりに

私たちは普段、「多くの命を助けた方がいい」「人助けはいいことだ」「人権は守ったほうがいい」などと当たり前に考えています。でも、「それはなぜ？」と問い返されたとき、あなたは理由を答えられるでしょうか。「それは本当だろうか？」「どんな場合でもそうだろうか？」。こんなふうに自分の考えを疑い、問いを投げかけてみてはじめて、思考が動き出します。既成の価値観が揺さぶられ、今までの曖昧《あいまい》な考えから、哲学の旅へと出発するのです。

本書は、みなさんの思考の旅を豊かにすることができたでしょうか。ゲーム感覚で楽しむもよし、頭の体操として使ってもよし。本書が、直感に待ったをかけ、クリティカルに物事を捉えるきっかけになったならば、これ以上のことはありません。

哲学には、あらゆる問題を自分や社会に引き寄せて考えるという側面があります。今回紹介した思考実験の中にも、もはや「実験」としてではなく、現実的な「問題」として考えるべきものが含まれています。

ぜひ、一度立ち止まってゆっくり考える時間を増やしてみてください。そうして深まったあなたの考えが、新しい社会をつくることになるのです。最後に、初めて引き受けた監修という仕事でてんてこまいになっていた私にアドバイスをくれた今井祐里さん、永井玲衣さんらに心から感謝を。

【監修者プロフィール】

田代伶奈（たしろ・れいな）

上智大学大学院哲学研究科博士前期課程修了。「社会に生きる哲学」を目指し、哲学対話のファシリテーターとして活動している。私立中学の非常勤講師を務めるほか、自由大学などで哲学講座を開講。

【スタッフ】

編集協力　川島彩生（スタジオポルト）
デザイン　中村理恵、山岸蒔（スタジオダンク）
マンガ　伊藤ハムスター
執筆協力　福田智弘
編集担当　原智宏（ナツメ出版企画）

マンガ 考《かんが》える力《ちから》を鍛《きた》える思考実験《しこうじっけん》

2019年8月1日　初版発行

監修者　田代伶奈《たしろれいな》　　Tashiro Reina, 2019
発行者　田村正隆

発行所　株式会社ナツメ社
東京都千代田区神田神保町1-52 ナツメ社ビル1F（〒101-0051）
電話　03（3291）1257（代表）　FAX　03（3291）5761
振替　00130-1-58661
制　作　ナツメ出版企画株式会社
東京都千代田区神田神保町1-52 ナツメ社ビル3F（〒101-0051）
電話　03（3295）3921（代表）
印刷所　ラン印刷社

ISBN978-4-8163-6687-1　　Printed in Japan